LA POLITIQUE EUROPÉENNE AU MAROC

A L'ÉPOQUE CONTEMPORAINE

LA POLITIQUE EUROPÉENNE AU MAROC

A L'ÉPOQUE CONTEMPORAINE

PAR

ANDRÉ LEBLANC

Docteur en Droit

PARIS

A. PEDONE, ÉDITEUR

LIBRAIRE DE LA COUR D'APPEL ET DE L'ORDRE DES AVOCATS

13, RUE SOUFFLOT, 13

—

1906

BIBLIOGRAPHIE

A. Ouvrages

AUBIN (Eug.). — *Le Maroc d'aujourd'hui*, Paris, 1904.

COLLIN (Victor). — *Le Maroc et les intérêts belges*. Louvain, 1900.

CAMPOU (de). — *Un empire qui croûle*. Paris, 1886.

COUSIN (A.). — *Tanger*. Paris, 1902.

DARCY (Jean). — *Cent ans de rivalité coloniale*. Paris, 1903.

ERCKMANN (J.). — *Le Maroc moderne*. Paris, 1885.

FALLOT (Ernest). — *La solution française de la question du Maroc*. Paris, 1903.

FRISCH (capitaine). — *Le Maroc*. Paris, 1895.

HESS (Jean). — *La Question du Maroc*. Paris, 1903.

GANNIERS (A. de). — *Le Maroc*. Paris, 1894.

LUZEUX (Général). — *Notre politique au Maroc*. Paris, 1903.

MARCET. — *Le Maroc*. Paris, 1886.

MONTET (Ed.). — *Les confréries religieuses de l'Islam marocain*. Paris, 1902.

MOULIÉRAS — *Le Maroc inconnu*, 1895.

NIESSEL (Capitaine). — *Le Maroc*, Paris, 1901.

PINON (René). — *L'Empire de la Méditerranée*. Paris, 1902.

ROUARD DE CARD (E.). — *Traités entre la France et le Maroc*. Paris, 1898.

— *La France et les autres nations latines en Afrique*. Paris, 1903.

— *Les relations de l'Espagne et du Maroc pendant le XVIIIe et le XIXe siècles*. Paris, 1905.

SAY (Louis) — *Afrique du Nord et Politique coloniale*. Paris, 1886.

SEGONZAC (de). — *Voyages au Maroc*. Paris, 1903.

B. Journaux et Revues

Bulletin du Comité de l'Afrique Française : Années 1891 à 1905.

Questions diplomatiques et coloniales : Années 1897 à 1905.

Revue politique et parlementaire : Années 1894 à 1905.

Revue de Géographie : Années 1880, 1885, 1886, 1887, 1894, 1895, 1897, 1902.

Le Correspondant : 25 décembre 1903, 10 novembre 1904, 10 août 1904, 10 octobre 1905.

Revue de Droit International et de Législation comparée : Année 1884.

Revue française de l'étranger et des colonies : janvier-juin, 1886.

Revue des Deux-Mondes : 15 décembre 1859, 1er décembre 1884, 15 avril 1885, 15 juin 1893, 15 septembre 1894, 15 avril 1897, 15 septembre 1898. Années 1903, 1904, 1905.

Revue générale de Droit International public : 1902, p. 263; 1903, p. 66.

Revue Economique Internationale : Mai 1904.

Grande Revue : Mars 1903.

Revue de Paris : 1er et 15 février 1903, 15 octobre 1903, 1er juillet 1904, 1er août 1904, année 1905.

Journal officiel. Années 1902, 1903, 1904, 1905.

La Gazette de Cologne. Année 1884.

L'Echo d'Oran, octobre 1902.

Le Standard, novembre 1903.

La République Française, 14 avril 1904.

La National Review, 30 avril 1904.

Le Gaulois, 1er mai 1904.

Le Journal, 30 juillet 1905.

L'Economiste français, 16 septembre 1905.

Livre Jaune, 15 décembre 1905.

Livre Blanc, 8 janvier 1906.

INTRODUCTION

A. — Pourquoi y a t-il une question du Maroc ?

B. — Origine véritable de la question : Occupation française de l'Algérie. Ouverture de la crise marocaine (1900).

A. — C'est une grosse, c'est même actuellement une angoissante question que celle du Maroc. En mettant à part la question d'Orient, dont l'importance s'explique surtout par le voisinage immédiat de l'Empire ottoman avec les puissances continentales, il en est peu qui aient eu une portée aussi générale, aussi universelle. Il en est peu également qui aient soulevé tant d'émotion, et qui aient menacé parfois d'aboutir à une solution violente. C'est en effet à un conflit armé qu'on a pu voir, encore tout récemment, deux grandes puissances s'exposer, pour la défense de leurs intérêts, dans cette partie du globe.

Une question, en droit international, c'est la situation qui se présente lorsqu'on se trouve en face d'un Etat incapable de se faire respecter, soit au dedans, soit au dehors, dont la souveraineté et l'indépendance ne sont que nominales. De tout temps, les puissances se sont arrogé le droit d'intervenir, soit seules, soit en commun, dans les affaires d'un pareil Etat dont l'anarchie est une menace permanente pour leurs nationaux et pour elles-mêmes. Le but avoué est la réorganisation du pays, le raffermissement de l'autorité du chef souverain, mais bien souvent, pour ne pas dire toujours, il cache les ardentes ambitions qui s'agitent autour de ce fantôme.

Tel est le cas du Maroc contemporain. Ce pays, comme on s'est plu à le répéter, est un anachronisme vivant, une véritable anomalie. Bien qu'aux portes de l'Europe, le Maroc est tout à fait réfractaire à la civilisation européenne : il retarde en quelque sorte de plusieurs siècles. Seule, sa capitale méditerranéenne, Tanger, a subi plus qu'aucune autre ville le contact des étrangers, ce qui lui a valu d'être appelée « Tanger-la-Chienne » . Le Maroc est l'une des parties les plus fermées, les plus inconnues du monde entier : on ne s'y aventure qu'au péril de sa vie. Un Européen ne peut guère y circuler que sous un déguisement, témoin les explorateurs de Foucauld et de Segonzac. La haine des chrétiens (Roumis) attisée par le fanatisme musulman, y est très vive, et jusqu'à ces toutes dernières années (1902), ils étaient couramment injuriés et bafoués en pleine ville de Fez.

La Société marocaine n'est qu'une mauvaise réunion de tribus. Ces tribus vivent côte à côte, sans se fondre, sans se pénétrer, échangeant plus de coups de fusil que de bons procédés, et chez elles, l'idée de nationalité est aussi absente que celle d'obéissance à un chef commun. Ce chef existe cependant, mais on chercherait vainement à lui trouver des points d'analogie avec un représentant quelconque d'un Etat européen. Son autorité ne s'étend que sur une très faible partie du territoire appelée pour cette raison Bled-es-Maghzen (pays de l'administration). Le reste du pays est totalement insoumis, c'est le Bled-es-Siba (pays du vol). Et encore ne gouverne-t-il pas, au sens propre du mot, il ne fait qu'exploiter ses domaines, en cherchant sans cesse à les arrondir. Sa méthode d'administration du pays maghzen est tout à fait primitive : la rentrée des impôts, pour laquelle des expéditions périodiques sont nécessaires, est particulièrement à signaler. Elle fait aussi peu d'honneur au zèle de ses caïds qu'à la bonne volonté de ses sujets. C'est bien pis quand le pauvre Sultan doit s'adresser aux tribus non domestiquées, au Bled-es-Siba, où la révolte sévit à l'état endémique.

« De temps immémorial, on n'a gouverné ce pays que grâce à des gentillesses, telles que l'emprisonnement du frère du Sultan, et l'exposition de têtes de rebelles sur les créneaux des murs de Fez. Des répressions sanglantes sont nécessaires avec un peuple comme les Marocains. Le gouvernement, entouré d'une meute de tribus prêtes à se jeter sur lui, doit avoir des brutalités de dompteur. Le Maroc est une grande anarchie latente contenue seulement par d'incessantes exécutions. Ce pays, qui dresse ses côtes en vue de la pointe d'Europe, ne peut être gouverné que grâce à des ruses et à des férocités de Mérovingien [1]. » C'est en effet par la violence et par la ruse, surtout par la ruse, que le Sultan vient à bout des tribus toujours menaçantes : sa faiblesse ne vit que par leur division.

Bien souvent, cependant, il ne pourrait résister aux poussées violentes de l'insurrection, s'il n'avait comme principal élément de force son caractère religieux.

De tous les pays régis par le dogme de Mahomet, le plus fervent est le Maroc : c'est la religion seule qui constitue le lien social des peuplades de ce

[1] Bulletin du Comité de l'Afrique française, mai 1900, page 257.

pays. Bien que l'Islam soit une religion à caractère universel, chaque pays musulman a son Islam propre. La cause en est que, pour s'imposer, cette religion a dû tenir compte dans chaque pays des cultes antérieurs, ce qui l'a forcément altérée. Au Maghreb, le procédé courant d'islamisation a été le culte des saints, le maraboutisme. La plupart des fondateurs de dynasties furent des personnages religieux avant d'être des personnages politiques, et devenus souverains, ils se donnèrent comme pontifes et successeurs du Prophète. Le Maghzen lui-même a eu un caractère religieux, puis il s'est laïcisé. Mais le Sultan demeure le descendant du Prophète. Il se considère comme le grand Iman [1] institué par Mahomet, le légitime successeur des Khalifes, le prince des croyants, et regarde le Sultan de Constantinople comme un usurpateur. L'Islam est divisé en deux fractions qui relèvent de deux chefs religieux différents. En Orient, en Tunisie et même dans l'Est de l'Algérie, l'autorité religieuse reconnue des fidèles est celle du Sultan de Stamboul, tandis que dans l'Ouest de l'Algérie et au Maroc, c'est celle du Sultan de Fez. Tous les musulmans malékites [2] tournent leurs prières vers le

[1] Celui qui préside une assemblée de croyants en prières.

[2] Ceux qui suivent le rite orthodoxe maleki, du nom de Malek, l'un des commentateurs du Coran.

Maghreb, où réside, d'après eux, le vrai successeur du Prophète. « Le Sultan de Stamboul n'est pas chérif, dit-on au Maroc ; il n'est pas comme les descendants authentiques d'Ali et de Fatime qui règnent au Maroc ; c'est au cimeterre de ses ancêtres, non à leur noble origine et à leur piété, qu'il doit son pouvoir ; c'est donc aux chérifs de Fez et de Marrakech qu'il appartient de conserver, dans leur intégrité et leur pureté, les mœurs et les rites musulmans [1]. »

La personne du Grand Chérif marocain est donc sacrée, même pour les populations insoumises. Les impôts qu'on lui paye sont des redevances religieuses; ceux mêmes qui ne payent rien le reconnaissent pour chef spirituel, et comme le seul détenteur de la baraka (faculté de bénédiction). C'est en son nom que se dit la prière officielle, la fatha, bien au delà des limites de son empire. Accomplir les actes religieux prescrits par le Prophète, c'est donc le premier devoir du Sultan. Comme Mahomet, il ne manque jamais le vendredi de se rendre à la mosquée principale pour y dire la prière en public : même malade, même mourant, on l'y porte. Ce pontificat religieux ne permet pas aux Sultans de sortir de leur empire : par conséquent, ils ne connaissent le monde que par ouï-dire, ils ignorent

[1] Revue des Deux-Mondes, 15 janvier 1902.

l'Europe en réalité. Ils ne pourraient donc arriver à l'imiter, quand bien même ils en auraient l'intention. Les doctrines de l'Islam sont d'ailleurs opposées à tout progrès; les musulmans déclarent qu'ils n'ont rien de mieux à faire que de conserver les traditions de leurs aïeux.

En qualité de représentant de Dieu, de Souverain spirituel, le Sultan a le pouvoir le plus absolu. Il est maître de la vie et des biens de ses sujets, et nulle loi ne peut l'arrêter. Tandis que le Sultan de Constantinople a été forcé d'entrer dans la voie des concessions, celui de Fez a gardé théoriquement un pouvoir illimité. En fait, cependant, ce pouvoir est mitigé par l'autorité des grands marabouts, chefs de confréries.

Le Maroc est le pays par excellence des congrégations; leur nombre et leur influence sont considérables, et il y a peu de Marocains qui n'y soient pas affiliés. Sous couleur de religion, ces ordres s'occupent avant tout de politique, et le Sultan est obligé de compter avec eux. Redoutant leur action, le Maghzen tout entier se fait admettre dans les plus importants, et s'attache à se les rendre favorables. Puis, dès qu'il se sent en force, il cherche à réduire leur autorité. Il entretient soigneusement entre eux des discordes et des jalousies, il les fait surveiller par ses caïds, il les tient enfin en leur accordant certains privilèges.

Les confréries n'entrent donc presque jamais en conflit avec l'autorité chérifienne, et elles s'effacent devant la suprématie spirituelle et temporelle du Sultan. Sachant que celui-ci est reconnu par tous les Marocains comme le descendant de la fille du Prophète, elles se soumettent volontiers à cette loi. En retour, le Sultan se sert de leur action sociale qui est très grande. Le Marocain, a-t-on dit [1], a l'esprit de la corporation, et la confrérie religieuse n'en est qu'une forme sympathique. Il semble même que c'est en se les attachant qu'on aura le plus de chance de réussir dans la conquête morale du pays.

Le Sultan actuel, Moulay Abd-el-Aziz, est le quatorzième de sa dynastie, les Alaouïa, issus de Moulay-Ali, oncle et gendre de Mahomet.

Mais les descendants du Prophète, les Chorfa [2], sont si nombreux au Maroc, que la prépondérance des Alaouïa est fortement battue en brèche par les Ouezzana, issus de Moulay-Abdallah, chérif d'Ouezzan, et les descendants d'Idriss, fondateur et premier souverain de Fez. Le Sultan est obligé de compter

[1] Edouard Montet, *Les confréries religieuses de l'Islam marocain*, Paris, 1902.

[2] Pluriel de Chérif.

surtout avec Moulay-el-Arbi, l'actuel chérif d'Ouezzan, le personnage le plus important du Maroc après lui.

Quoi qu'il en soit, il est permis d'affirmer que sa qualité de grand chérif vaut au Sultan le plus clair de son autorité.

Mais on peut aller plus loin et dire que sans la religion, le Maroc aurait depuis longtemps cessé d'exister. C'en serait fait de cet Etat inorganisé, de cette « expression géographique » [1], si le Coran, qui est la seule loi dont se réclament Arabes envahisseurs et Berbères autochtones, ne venait y maintenir un équilibre tout à fait relatif. De tout temps, au Maghreb, les crises ont succédé aux crises, mais, comme le disait finement Gérard Rohlfs en 1884 [2], « le Maroc est un pays où les choses qui vont mal peuvent aller longtemps encore [3] » ; et si l'avenir est venu confirmer les paroles du voyageur allemand, c'est qu'un lien invisible, mais réel, le dogme de Mahomet, a constamment rattaché ses adeptes les uns aux autres, les ralliant en masse contre l'étranger.

[1] Mouliéras, A. Bernard.

[2] Gazette de Cologne 1884.

[3] M. Delcassé disait au Sénat en mars 1903 : « Une longue habitude fait que le Maroc souffre moins de cet état violent d'anarchie auquel ne résisterait pas longtemps un pays organisé. »

(Journal officiel, 12 mars 1903).

L'égoïsme et la jalousie des puissances ont fait le reste. Ce pays, toujours guetté comme une proie possible, n'a dû sa vie qu'à l'âpre rivalité de ses poursuivants. Par sa position sur deux mers à proximité de l'Europe, par son voisinage avec la grande route maritime de Gibraltar, le Maroc était destiné à éveiller les cupidités des Etats européens en veine de colonisation. Joignez à cela une fertilité et une richesse certaines, sauf en certains points, et une population dense, le Maroc devait être, dans l'esprit des compétiteurs, un excellent débouché. Or, en dépit des tentations qu'elles en aient eu, les puissances nous ont fait assister à ce spectacle paradoxal d'un Etat subsistant par sa faiblesse même, et mieux gardé par leurs intrigues que par ses soins personnels. Ce sont elles qui ont créé la fiction d'un Empire marocain, et qui ont contribué à donner au Sultan, vis-à-vis d'elles-mêmes et de ses peuples, un simulacre de souveraineté. Celui-ci s'est bien gardé de contrarier d'aussi heureuses dispositions. Sachant bien d'ailleurs qu'il ne pourrait résister aux volontés de l'Europe, il n'eut jamais d'autre politique que de temporiser, de faire traîner en longueur toutes les satisfactions à accorder aux réclamants, de les opposer, si possible, les uns aux autres et de s'élever contre tout empiètement des Européens sur son domaine (refus d'autoriser les légations à se fixer ailleurs qu'à Tanger, refus d'améliorer les voies de communication, interdiction de la sortie des principaux produits du sol, etc.). Sa politique d'inertie a toujours triomphé, et si l'un des rivaux prenait l'initiative de quoi que ce fût, les autres faisaient chorus contre lui auprès du Maghzen, l'invitant à répondre par un refus, de telle sorte que l'intéressé était obligé d'abandonner son projet.

En définitive, le Maroc, Etat féodal et anarchique, nécessite une intervention européenne. Mais cette intervention a toujours été sans effet par suite du défaut d'entente et de l'action égoïste des intervenants. « Quand la marmite marocaine menaçait de faire sauter son couvercle, il se trouvait toujours quelqu'un pour l'écumer, après quoi elle recommençait à bouillir à petit feu [1]. » Il faut arriver jusqu'en 1900 pour entrevoir le dénouement de la question. C'est à cette date qu'une crise, plus violente que les autres a mis les puissances en demeure de s'expliquer sur les destinées du pays.

B. — Nous disions plus haut que de tout temps le Maroc avait offert le plus bel exemple de désordre intérieur qu'on puisse voir. Mais cette situation n'intéressait pas autrement les Européens : ils se contentaient primitivement de passer des traités plus

[1] Rohlfs, GAZETTE DE COLOGNE, 1884.

ou moins respectés, et d'entretenir des relations plus ou moins platoniques avec le personnage décoré pompeusement du nom d'Empereur. A peu près ignorants de son véritable caractère, les souverains et chefs d'État affectaient de le traiter d'égal à égal. Ce n'est que du jour où la France vint s'installer aux portes du pays que leur attention, jusque-là quelque peu relâchée, fut tout à coup mise en éveil. Le Maroc fut découvert, et en présence de sa faiblesse évidente, les puissances, mues par le même zèle soupçonneux, s'ingénièrent à nous empêcher de tirer tout le profit de nos victoires africaines, et à nous couper la route de Fez. L'Angleterre notamment, toujours sur le qui-vive en pareille matière, craignit que, mis en goût par nos premiers succès, nous n'en vinssions, soit par les armes, soit par le moyen d'une paix rongeante et envahissante, à nous approprier une bonne part ou la totalité de l'Empire Chérifien. Le Maroc fut élevé à la dignité « d'homme malade d'Occident », et la cour du descendant du Prophète eut, elle aussi, sa part d'intrigues européennes, tout comme sa rivale d'Yldiz-Kiosk. En un mot, la question marocaine s'ouvrait, presque inopinément, pourrait-on dire, et c'est la France qui, bien involontairement, apportait à l'Europe, déjà troublée par la trop fameuse question d'Orient, un nouvel élément de discorde.

Cependant, la menace resta à l'état latent; on vit, pendant près d'un siècle, tous les efforts des concurrents pour tenter de résoudre la question à leur profit demeurer vains, et les compétitions se neutraliser. On vit même, chose plus curieuse, la principale intéressée, la France, se faire comme un point d'honneur de laisser aller les choses, et de maintenir un *statu quo* désastreux pour ses frontières algériennes. Il a fallu que le malade précipitât sa fin pour qu'un changement survînt dans notre attitude, et pour qu'une ère nouvelle s'ouvrît dans l'histoire du Maroc.

Après la mort de son énergique ministre Bâ-Ahmed, survenue en 1900, le jeune Abd-el-Aziz livré à lui-même, ou plutôt à ses conseillers anglais dont il ne soupçonnait pas les intentions, crut bon d'entreprendre quelques réformes, telles que la modification de l'assiette de l'impôt et la répression des exactions coutumières à ses caïds. Mais comme « la loi de la société marocaine, ce n'est pas l'évolution, mais la stabilité, et que toute réforme est un danger[1] », le Sultan ne pouvait, ce faisant, que s'exposer à de graves mécomptes. Il commit d'ailleurs plusieurs imprudences. Lors du meurtre du missionnaire anglais Cooper par un fanatique musulman, il fit arracher le coupable de la mosquée de Moulay-

[1] R. Pinon, *l'Empire de la Méditerranée*.

Idriss — fait sans précédent dans les annales de Fez — et fusiller, bien qu'il se fût mis par sa fuite sous la protection du Saint. Puis il fit lire dans les mosquées, au moment de l'expédition du Touat, une lettre enjoignant aux Marocains de ne pas attaquer les Français : c'était s'opposer à la guerre sainte contre les infidèles. Enfin, il exaspéra les Musulmans par son goût des choses européennes, et son peu de respect pour les traditions familiales[1]. Tout ceci eut un grand retentissement, et la réaction

[1] ... Un beau jour, ses amuseurs anglais trouvèrent drôle de lui enlever sa djellaba, de lui mettre sur la tête une énorme tarbouche, et de l'affubler d'un uniforme de fantaisie. Qui pis est, on s'empressa de le photographier dans ce lamentable accoutrement, si bien qu'aujourd'hui, on vend au Mellah de Fez, la triste image de Moulay-Abd-el-Aziz vêtu d'un costume de cirque, et regardant, hagard, l'effet produit sur ses contemporains par cette monstrueuse plaisanterie. Comme les Musulmans éprouvent un certain scrupule religieux à toute reproduction de la figure humaine, rien, plus qu'une telle photographie, ne pouvait déconsidérer le Sultan aux yeux de ses peuples. »

(Eug. Aubin, *Le Maroc d'Aujourd'hui*, p. 165.)

Abd-el-Aziz expédiait en outre les cérémonies religieuses, et irritait les indigènes par ses fantaisies. « A certains jours, des nègres armés de bâtons chassaient la foule hors des passages avoisinant le palais, afin d'assurer le parcours secret des automobiles qui entraînaient le Sultan vers le progrès avec ses amis et ses épouses; et pendant des heures, les passants se morfondaient derrière les portes closes, attendant le rétablissement des communications... »

(*id.*, page 169.)

ne tarda pas à se produire. Comme cela arrive assez souvent au Maroc, un nouveau prétendant en profita pour apparaître et se poser en descendant du Prophète, en Mâhdi.

Cet agitateur, le chérif Djilali, surnommé Bou-Hamara (l'homme à l'ânesse) et, par dérision, le Rogui, souleva tout le pays à l'est de Fez, et mit le Sultan dans une situation difficile, en lui infligeant quelques défaites. Avec un peu d'audace et de persévérance, il eût pu le renverser, et régner sous le nom de Moulay-Mohammed, frère du Sultan, évincé du trône en 1894. Quoi qu'il en soit, il est encore menaçant à l'heure actuelle, et il est douteux qu'Abd-el-Aziz en vienne à bout par ses seuls moyens.

Autrefois, ce soulèvement fût passé inaperçu en Europe, mais il ne peut plus en être de même aujourd'hui. Trop d'intérêts gravitent, qui n'existaient pas jadis, autour de la question du Maroc, et l'heure a sonné de l'entrée en scène directe des puissances. L'impuissance du Maghzen à mettre l'ordre dans le pays, a prouvé la nécessité d'une tutelle pour protéger les nationaux et garantir les intérêts de tous. C'est lui qui, par son incapacité, a légitimé l'intervention, c'est à lui de la subir.

CHAPITRE PREMIER

Les Intérêts en présence

A. — Intérêts politiques (France, Espagne, Angleterre)

B. — Intérêts commerciaux (France, Angleterre, Allemagne, Espagne, autres puissances.)

Il convient d'examiner maintenant les intérêts respectifs des diverses puissances au Maroc. A la veille du règlement définitif de la question, cette sorte d'inventaire a le mérite d'établir la proportion exacte entre les prétentions de chacun et la place réelle qu'il occupe.

Ces intérêts sont d'ordre politique ou commercial. Certaines puissances, la France, par exemple, ont des intérêts des deux sortes; d'autres n'ont que des intérêts strictement commerciaux. Quoi qu'il en soit, il sied de les étudier séparément.

A. — Intérêts politiques.

Trois puissances seules peuvent avoir la prétention d'invoquer des intérêts politiques au Maroc. Ce sont, par ordre d'importance, la France, l'Espagne et l'Angleterre. Toutes trois lui sont voisines, la France par l'Algérie, l'Espagne par ses présides, et l'Angleterre par Gibraltar. Elles sont donc plus intéressées que quiconque à ce que le bon ordre y règne, et à veiller sur ses destinées. Quant aux autres nations, l'Allemagne en tête, elles ne sauraient avoir le plus mince attribut dans cette catégorie d'intérêts.

La France se trouve être par destination la première puissance marocaine. On ne saurait impunément avoir 1.200 kilomètres de frontières communes et posséder à l'est de cette ligne deux grandes colonies autonomes peuplées de 700.000 Européens et faisant 700 millions d'affaires, sans avoir, comme le dit M. Robert de Caix[1], sa doctrine de Monroë en ce qui concerne le Maroc voisin.

D'autre part, notre situation nous a donné l'autorité sur des peuplades en relations perpétuelles avec les tribus du Sultan ; les paysans marocains viennent en masse travailler dans notre province d'Oran, et le commerce algéro-marocain se chiffre

[1] Bulletin du Comité de l'Afrique française, 1902, p. 55.

par millions. Il ne nous est donc pas possible d'assister indifférents à ce qui se passe à nos côtés : il se peut que notre territoire soit violé, nos tribus razziées, nos troupes attaquées, notre commerce entravé, et Dieu sait quelle police nous avons été obligés d'exercer au cours du siècle sur cette trop fameuse frontière! Il se peut aussi que les sujets du Sultan viennent prêcher à leurs coreligionnaires algériens la révolte contre les Roumis, et ceci est beaucoup plus grave, car, dans un moment de crise nationale, une révolte algérienne, en nous obligeant à des envois de troupes, pourrait brusquement nous affaiblir [1].

Nous n'avons pas eu, par malheur, suffisamment conscience de notre grande position, et notre action au Maroc n'a pas été ce qu'elle aurait dû être. Nous nous sommes trop bornés à nous défendre contre les pillards, en négligeant de nous assurer des avantages solides. Notre rôle a été trop passif : or, l'expérience démontre, surtout dans les questions internationales, que la passivité est la ligne de conduite la plus mauvaise qu'un État puisse avoir [2].

[1] Enfin, la liberté du détroit de Gibraltar, lequel commande la route de Cherbourg, Brest, Rochefort à Toulon, nous importe essentiellement. Dans le cas où Toulon serait bloqué par des escadres ennemies, le salut de l'Algérie et de la Tunisie dépend de la faculté d'entrée et de sortie sur l'Atlantique.

[2] Par exemple, notre abstention en Égypte, en 1882.

Nous nous sommes ressaisis depuis quelques années, c'est vrai, mais qui sait s'il n'est pas trop tard déjà? Aurions-nous dû attendre la révolte du Rogui pour avoir à proprement parler une politique marocaine?

Un Anglais, à qui l'on demandait ce qu'aurait fait la Grande-Bretagne vis-à-vis du Maroc, si elle avait été à la place de la France, maîtresse de l'Algérie, répondit : « Les Anglais sont surtout des hommes d'affaires, et quand une entreprise réussit, ils n'ont cesse de l'étendre; si nous avions été à votre place en Algérie, nous aurions rélié par un télégraphe Alger à Tanger et à Fez, et nous aurions fait un ou deux chemins de fer de pénétration depuis Oran et Tlemcen sur les centres du Maroc. Mais vos hommes politiques n'ont pas eu le temps de penser à des travaux aussi simples, ils ont toujours une affaire qui les intéresse beaucoup plus[1]. » Nous y pensons bien maintenant, aux travaux dont parle cet Anglais, mais encore une fois, qui sait si nous en retirerons le même profit qu'il y a seulement trente ans? Les circonstances sont tout autres, et il n'est pas bien sûr que l'initiative française profite désormais aux seuls Français.

L'Espagne a plutôt péché par l'excès contraire :

[1] REVUE POLITIQUE ET PARLEMENTAIRE, septembre 1899. (Cité par H. Pensa.)

elle considère trop volontiers le Maroc comme le prolongement de son territoire et son apanage exclusif. « L'Espagnol se regarde au Maroc comme chez lui ; il y retrouve un sol pareil au sien, une flore et une faune semblables aux siennes, le costume et les mœurs de l'Aragonais, les forêts elles-mêmes, lui rappellent les forêts de la péninsule. Avec quel lyrisme poètes et prosateurs espagnols célèbrent le pays de l'Islam occidental ! Le Maroc est pour l'Espagne un aimant. Le Maroc est le phare des ambitions espagnoles, il est le sang de notre sang ; c'est vers lui que se tournent les derniers regards des rois d'Espagne expirants... etc..., etc.[1] »

M. Torrès-Campos écrivait en 1892 que l'Espagne et le Maroc étaient comme deux moitiés d'un tout hydrographique, et qu'entre les deux peuples, il y avait comme une parenté, et par suite une sympathie instinctive et une affection mutuelle[2]. Tout ceci est aussi faux que ridicule. Le Marocain a la haine de l'Espagnol : il n'aime pas « son fanatisme et ses idées étroites[3] », et celui-ci ne sait pas s'en faire respecter. « Quand on veut voir, dit un publiciste, un Marocain céder à la plus folle colère, et

[1] Grande Revue. Mars 1903 (article : *l'Espagne et le Maroc*).

[2] Revue de droit international et de législation comparée, XXIV, 465.

[3] Mouliéras, *Le Maroc inconnu*, p. 29.

donner les manifestations extérieures les plus caractéristiques de la haine, il suffit de vanter à ses oreilles l'Espagnol. Avec tous les peuples chrétiens, les Musulmans pourront lier partie et s'entendre. Avec les Espagnols, ce sera toujours la lutte, la guerre, les assassinats et les tueries, jusqu'à ce que l'une des deux races disparaisse, anéantie par l'autre..... Le Marocain n'est pas de tempérament irritable, surexcité par des générations et des années d'alcoolisme ; cependant le nom abhorré de l'Espagnol, lui donne des crises de fureur comparables à celles qu'éprouve un Irlandais saturé de whisky lorsqu'on lui dit la générosité d'un landlord [1]. »

D'autre part, ce qu'on appelle les droits historiques de l'Espagne, basés sur une revanche à prendre de l'ancien envahissement mauresque (bataille de Xérès 711 !), sont quelque chose de bien vague, et en notre siècle de réalisme, il serait plus sage pour elle de s'en tenir aux possessions qu'elle a pu se ménager dans l'Empire des chérifs.

Ces possessions sont en piteux état. Elles portent le nom officiel de présides. Ces « points de débarquement pour la conquête future [2] », qui ne sont guère pour l'instant que des bagnes, sont au nombre de cinq, et sont tous situés sur la côte septen-

[1] Jean Hess, *La question du Maroc.*

[2] Capitaine Frisch, *Le Maroc.*

trionale du Maroc. Ceuta, le Gibraltar marocain, construite sur une presqu'île rocheuse à l'entrée du détroit, a une certaine valeur stratégique. Mais ses fortifications sont démodées, et son armement inefficace. L'Espagne possède cette ville depuis 1570. Les Anglais s'en emparèrent en 1808, et on eut toutes les peines du monde à les en faire partir, après la chute de Napoléon. Mélilla (1496), située plus à l'est, et résidence du gouverneur des présides, a un commerce assez actif. Elle est surtout célèbre par les attaques répétées des Riffains, et elle vit dans un état de blocus perpétuel. « L'Espagne tient à ce rocher pour le sang qu'elle y a versé, pour les souvenirs héroïques qui s'y rattachent. Ce n'est qu'une hampe glorieuse, où l'amour-propre national l'oblige à maintenir son drapeau [1]. »

Viennent ensuite deux îlots, le Pênon-de-Velez-de la-Gomera, rocher à cent mètres du continent, dans la baie de Badès, et le petit bourg d'Alhucémas. Enfin le petit groupe des Zaffarines, situées à l'embouchure de la Moulouya, forme une rade assez abritée. Elles étaient *res nullius* au moment de la conquête de 1845. On mit deux ans à se décider à en prendre possession. Reconnaissant enfin qu'elles pourraient être utiles pour la surveillance des populations marocaines, le gouvernement français

[1] De Segonzac, *Voyages au Maroc*, p. 42.

envoya en 1847 une petite expédition, sous le commandement du colonel de Mac-Mahon, pour les occuper. Mais l'Espagne, aux aguets, eut vent de la chose : elle fit partir en toute hâte de Malaga un vaisseau de guerre qui arriva aux Zaffarines quelques heures avant nous, et qui en prit possession au nom de la reine. En 1764, Suffren avait demandé au roi notre établissement dans ces îles.

Tous ces îlots sont de simples rochers sans terrain de culture et sans aucune source. Les habitants sont obligés de recueillir l'eau de pluie dans des citernes et de la faire venir du dehors. « On m'a conté, dit M. de Segonzac, qu'à certains jours la garnison mettait son pavillon en berne pour demander de l'eau douce aux navires qui passent [1]. »

Ces présides sont en hostilité perpétuelle avec les habitants du voisinage. « Prendre l'argent des Espagnols, et gagner le paradis en les tuant [2] », telles sont, depuis 400 ans, les intentions des sauvages habitants du Riff. Les expéditions de 1860 et de 1893 n'ont pas d'autre origine.

L'Espagne possède aussi sur la côte occidentale du Maroc la rade d'Ifni, cédée par le Sultan aux lieu et place de Santa-Cruz de la Mar-Pequêna, port

[1] De Segonzac, p. 58.

[2] A. de Ganniers, *Le Maroc*.

introuvable depuis le traité de 1861 qui l'attribuait aux Espagnols.

Elle fut longtemps en contestation avec l'Angleterre au sujet de l'île de Pérégil. Cet îlot aride e sans aucune valeur au point de vue économique est au contraire très important au point de vue stratégique : situé presque au milieu du détroit de Gibraltar, il permet de surveiller particulièrement le littoral marocain. L'Angleterre tenta de s'en emparer en 1808, mais la France protesta. Elle revint à la charge en 1848, mais cette fois ce furent les Espagnols qui l'arrêtèrent. Ceux-ci auraient d'abord fait passer Pérégil pour une annexe de Ceuta, puis, changeant de tactique, ils la considérèrent comme une *res nullius*, et y plantèrent leur drapeau en 1887. Le pacha de Tanger le fit arracher. Actuellement cette île est toujours inoccupée, mais les Anglais la convoitent secrètement, et il se pourrait qu'ils manœuvrent par la suite pour se la faire attribuer.

En somme, les intérêts politiques de l'Espagne sont peu de chose, quand on les compare à ceux de la France. Les Espagnols n'ont jamais su tirer parti de leurs présides, pas même pour étendre leur influence sur le continent voisin. « Cette concession précaire de quelques rochers ne leur confère guère plus de droits sur la masse du pays, que d'accrocher leurs nids aux fenêtres n'en donne aux hirondelles à la propriété d'un édifice [1]. »

Nous verrons plus loin que leur situation commerciale n'est pas plus brillante. On peut se demander dès lors ce que l'Espagne vient faire au Maroc. Elle serait incapable de le réduire militairement, et sa faiblesse économique ne lui permettrait pas d'y apporter les réformes qu'on attend de la future puissance prépondérante. « La question marocaine, a-t-on dit, ne devrait plus exister pour l'Espagne, et ses droits historiques paraissent périmés [2]. » Si donc les puissances ont toujours compté avec elle, c'est, croyons-nous, à son voisinage qu'elle le doit. On a pris en considération sa situation spéciale aux portes de Tanger, beaucoup plus que ses pauvres établissements de la côte du Riff.

L'Angleterre, naturellement, a songé de très bonne heure au Maroc. Mais ce fut plutôt pour elle une question de détroit. Sa politique immuable étant de se créer une forte position dans la Méditerranée, elle ne pouvait laisser échapper l'étroit chenal qui fait communiquer les deux mers. Au XVIIe siècle, nous voyons les Anglais s'emparer de Tanger, mais n'en tirant aucun profit, ils l'évacuèrent en 1684, après avoir fait sauter les jetées de la

[1] R. Pinon, *l'Empire de la Méditerranée*, page 130.
[2] V. Collin, *Le Maroc et les intérêts belges.*

rade, pour rendre celle-ci inutilisable. Bien qu'ils se soient dédommagés en mettant la main sur Gibraltar (1704), leurs regrets de l'évacuation du Maroc ont été plutôt amers au cours du XIXe siècle, et il se pourrait qu'ils ne fussent pas tout à fait éteints.

Ce qui permet de le supposer, c'est qu'ils ont tout fait pour reprendre pied sur la côte du détroit, ou tout au moins pour la neutraliser. Construction d'un sémaphore britannique au cap Spartel, établissement d'un fortin soi-disant pour le protéger, édification d'un hôpital à Tanger pour les soldats malades (?) de Gibraltar, troubles fomentés pour justifier un débarquement, pose d'un câble à travers le détroit, rien n'a été négligé. Malheureusement pour eux, le câble seul a trouvé gain de cause devant le Sultan et les puissances.

L'acharnement de l'Angleterre, puissance navale, avant tout, s'explique par l'intérêt particulier qu'elle a à maintenir la liberté du détroit de Gibraltar, surtout depuis l'ouverture du canal de Suez, et à veiller à ce qu'aucune puissance ne vienne contrarier son action dans ces parages. Que la France, par exemple, vienne à occuper Tanger, et voilà Gibraltar, Malte, Chypre, et même l'Égypte en danger! Il faut dire, d'ailleurs, et on l'a répété maintes fois au sein du Parlement anglais, que la place de Gibraltar, si importante jadis, est aujourd'hui insuffisante. Les progrès de la navigation à vapeur, l'augmentation de vitesse des navires, permettent de passer au large en dépit des vents et courants contraires; de plus, le port est trop petit pour servir de refuge à une escadre moderne : il peut tout au plus servir de base d'opérations.

Il y a une dizaine d'années, un courant d'opinion se dessina en Angleterre, suivant lequel la Grande-Bretagne céderait volontiers à l'Espagne Gibraltar, qui tient si à cœur à nos voisins. Cette thèse fut même soutenue dans les sphères officielles. On présentait cette rétrocession, comme un acte de bienveillance auquel la Grande-Bretagne se soumettrait par esprit d'équité : on n'y mettait qu'une petite condition, la cession de Ceuta, un mauvais port, peu sûr, mal défendu, plutôt un embarras pour l'Espagne. Ceux-ci ne s'y laissèrent pas prendre, et au grand désappointement des Anglais, ils préférèrent garder leur « embarras ».

Ceuta, bien située sur une presqu'île rocheuse, et isolée à l'entrée du détroit, pourrait devenir imprenable en la fortifiant quelque peu. « Gibraltar, au contraire, perd chaque jour de sa valeur, et le jour n'est pas loin où cette fameuse pointe d'Europe ne sera qu'un nid à bombes, dangereux seulement pour ses défenseurs[1]. » Les Anglais voudraient bien s'en défaire avant cet instant critique, et s'ils trouvent ailleurs d'aimables compensations, ils redonneront très généreusement le nid à bombes à ses possesseurs naturels.

En dehors de la question du détroit, l'Angleterre n'a pas, plus que quiconque, d'intérêt politique. Depuis qu'elle a vendu au Sultan son comptoir du cap Juby, elle n'a aucun établissement contigu au Maroc; elle y est aussi étrangère que l'Allemagne et l'Italie, et elle n'a aucun droit de préférence à faire valoir.

La France est donc bien la seule nation européenne qui ait au Maroc des droits politiques fondés et indiscutables. Si nous nous plaçons maintenant au point de vue commercial, le plus intéressant à considérer, nous verrons que sa situation sur ce terrain n'est pas moins avantageuse.

B. — Intérêts commerciaux.

La lutte au Maroc est destinée à être surtout une lutte commerciale. Ce pays ne fait que s'ouvrir au commerce des nations : son chiffre d'affaires, 76 millions en 1890, 100 millions en 1900, est insignifiant, relativement à ce qu'il pourrait être si le

[1] A. de Ganniers, *Le Maroc*.

Maroc était doté d'une administration solide et régulière, qui maintiendrait l'ordre, développerait les moyens de communication, et favoriserait les échanges au lieu de les rendre impossibles.

La Tunisie, qui a une population dix fois moindre et un territoire beaucoup plus restreint, a un trafic plus élevé que le Maroc. L'Algérie, de superficie à peu près égale, fait 7 fois plus d'affaires que lui. On peut donc prévoir que le jour où il sera complètement ouvert au commerce européen, le marché marocain égalera et peut-être dépassera les deux précédents. La sécheresse y est moins grande qu'en Algérie, ce qui est capital au point de vue agricole. Il y a des terres arides, mais combien les terres fécondes sont plus nombreuses ! « Et lorsqu'on songe à tant de forces naturelles gaspillées sans profit pour personne ; à tant de riches produits qu'un peu d'intelligence et de travail tirerait du sol et de la mer, pour donner à la population le bien-être qui lui fait défaut, on ne peut pas s'empêcher de penser que la situation de l'empire chérifien constitue un scandale économique, et qu'il est du devoir de l'Europe d'y mettre un terme[1]. »

Les deux principaux obstacles au développement des affaires sont : 1° le manque absolu de moyens

[1] Fallot, *La solution française de la Question du Maroc*, p. 100.

de communication de la côte à l'intérieur (le transport par dos de chameaux ou d'ânes est un moyen peu rapide et coûteux), et 2° l'absence de travaux dans les ports. « Il est une formule qui se répète à satiété dans tout le Maroc : « *In cha Allah*, s'il plaît à Dieu ». Ce pourrait être la devise de la navigation sur la côte marocaine ; on est stupéfait que ces ports fréquentés soient si mal aménagés[1]. » Les modes d'embarquement et débarquement sont tout à fait primitifs (des petites embarcations appelées *barcasses* vont et viennent continuellement du navire en rade à la rive, apportant les colis, et des débardeurs les portent de la barcasse à terre, et réciproquement). Dans certains ports, les barres empêchant les barcasses de prendre la mer, font perdre un temps considérable aux navires.

Enfin, le mauvais vouloir du Maghzen vient encore compliquer la situation par des prohibitions, des défenses d'exploitation ou de fabrication, des droits de douanes très élevés. Ce n'est qu'à grand'peine que les puissances ont obtenu peu à peu qu'il se relâche de sa rigueur, en se faisant accorder des levées d'interdiction et des tarifs minima.

Malgré toutes ces difficultés vraiment décourageantes, les Européens, flairant la richesse du marché, sont parvenus, à force d'opiniâtreté, à l'inonder

[1] QUESTIONS DIPLOMATIQUES ET COLONIALES, 1er juillet 1905.

de leurs produits. Trois États ont une avance marquée sur les autres : ce sont la France, l'Angleterre et l'Allemagne.

I. — *Le Commerce français*

La France est la puissance qui est en meilleure posture pour faire du commerce au Maroc. Ses ports sont plus rapprochés que ceux de l'Angleterre et de l'Allemagne, et elle n'a pas la faiblesse économique de l'Espagne. D'autre part, l'Algérie, la Tunisie et le Soudan sont autant de pays français en relations actives avec leur voisin. Malgré ces avantages naturels, son commerce n'a pas encore atteint l'ampleur qu'on peut légitimement espérer. Plusieurs causes à ce fait. L'une des plus importantes, c'est le changement trop fréquent du personnel de la légation et des consulats français. « On leur laisse trop peu de temps pour acquérir une connaissance suffisante des coutumes du Maghreb, et pour ouvrir la route à l'influence économique de leur pays [1]. » Nos agents diplomatiques ont en effet pour mission de provoquer et de faciliter les transactions commerciales de nos nationaux, de les renseigner sur les besoins du marché, sur la valeur de la clientèle et sur la nature de la concurrence étrangère. Cette mission étant toute

[1] V. Collin, *Le Maroc et les intérêts belges.*

de patience et d'étude, a besoin de temps pour être exercée avec fruit. Par suite, changer constamment les consuls équivaut presque à n'en point mettre.

La deuxième cause a trait à la question de la navigation. Jusqu'à ces toutes dernières années, le Maroc était assez pauvrement desservi par les compagnies françaises, qui s'étaient laissé distancer par leurs rivales. De plus, les marchandises françaises arrivaient trop souvent sous pavillon étranger. Or, il est essentiel aujourd'hui, pour bien réussir sur les marchés par delà les mers, d'avoir une marine nationale. « List avait bien vu qu'une nation qui n'a pas de marine ne peut pas avoir un rayonnement commercial qui se soutienne pendant longtemps. On ne fait bien ses affaires qu'en les faisant soi-même, et si l'on prend les pavillons étrangers, le courant commercial se déplace, et les commandes arrivent à ceux dont on voit le pavillon [1]. »

Par bonheur, nous avons reconnu notre insuffisance et réagi très vigoureusement ; actuellement six lignes purement françaises font escale dans les ports marocains.

En troisième lieu, on a toujours reproché aux exportateurs français — et ce grief est encore vrai — de ne pas se mettre assez à la portée du client marocain. Celui-ci, dominé par l'esprit de tradition, ne

[1] M. Cauwès, à son cours.

veut que ce qui est d'un usage courant dans le pays ; il recherche en outre quelque chose d'agréable à l'œil et non quelque chose de solide. « C'est surtout au bon marché qu'il faut viser au Maroc, parce que les ressources de la masse sont modestes, et surtout parce que l'Arabe est trop fataliste pour comprendre jamais l'avantage qu'il a à payer un peu plus un objet qui durera plus longtemps que celui qui est moins cher, mais de qualité inférieure. Il ne considère que la minute présente sans se préoccuper du lendemain [1]. » Or, le commerçant français, qui livre généralement des produits de bonne qualité, vend cher, trop cher pour obtenir les fortes commandes : il faut qu'il fasse du « clinquant » à bon compte. S'il arrive à égalité de prix avec ses concurrents étrangers, la supériorité de fabrication française saura bien vite faire accorder la préférence à ses produits. Il faut aussi, et ceci est capital, qu'il conforme ses articles au goût spécial des habitants de chaque région. Les Allemands sont très au courant de ces manières de procéder. « La clientèle marocaine a en effet ses préférences bien nettes, quelquefois puériles, mais que les fournisseurs n'ont pas à essayer de contrecarrer. Elle veut par exemple des pièces de drap de x centimètres de large, et jamais de $x +$ ou $x - 1$ centimètre. Elle les veut de telle

[1] Frisch, *Le Maroc*.

couleur spéciale, de telle qualité à bon marché. Pour les pains de sucre, cette clientèle exige un empaquetage déterminé, un poids défini et invariable. De même les bougies, les paquets de thé, les pains de savon, doivent avoir un aspect qui plaît à cette clientèle, et point d'autre [1]. » Les fabricants français n'ont pas encore compris l'importance de ces détails, ridicules peut-être, mais décisifs. On leur reproche également de ne pas faire de larges crédits, de ne pas accorder de facilités et de délais de paiement aux commerçants locaux. Il faudrait pourtant qu'ils s'habituent à être moins difficiles en affaires, et à ne pas paraître manquer de confiance, car les Anglais et les Allemands, qui émettent des traites à longue échéance, sont beaucoup plus accommodants. C'est à eux de se renseigner et de faire ensuite crédit, plutôt que de vendre précipitamment et sans crédit.

Enfin il devient presque banal de répéter que nos maisons de commerce ne sont pas suffisamment représentées, au Maroc comme ailleurs. Ici encore, nous avons trop souvent recours à des commissionnaires. Nous prenons des intermédiaires qui prêtent à notre commerce leur notoriété et leur solvabilité,

[1] Ch.-René Leclerc, BULLETIN DU COMITÉ DE L'AFRIQUE FRANÇAISE, juillet 1905.
Suppléments, p. 230.

qui rendent de très grands services, c'est vrai, mais qui ne font pas aussi bien que des représentants directs. C'est la même raison que pour la marine marchande. Nos rivaux comprennent le grand avantage qu'il y a à envoyer dans le pays des agents intelligents et actifs. On commence à rencontrer un peu partout, dans les ports et même dans l'intérieur du pays, leurs voyageurs, qui notent, avec un zèle inlassable, les *desiderata* de la clientèle.

Cet envoi de représentants tend à devenir de plus en plus nécessaire. Ainsi les négociants de Fez ne veulent pas entrer en relations directes avec les fabricants. La maison qui veut commercer à Fez doit avoir un représentant européen, sinon un commissionnaire juif ou musulman. Que tous les négociants français imitent l'exemple de la Compagnie Marocaine (Compagnie française dont le siège social est à Paris et l'agence principale à Tanger), et de la maison allemande Richter, qui ont des agents personnels en pleine ville de Fez. Nos compatriotes ont d'ailleurs une belle occasion de se faire représenter par des individus connaissant la langue et les coutumes arabes; c'est d'envoyer au Maroc des Musulmans d'Algérie possédant quelque instruction. Qu'ils envoient également, comme les Allemands l'ont déjà fait, des navires-exposition dans tous les ports du Maroc, pour faire connaitre aux habitants les ressources de l'industrie française ! Qu'il saient, comme la maison Richter déjà citée, des salles publiques d'échantillons ! Qu'ils créent dans leurs fabriques un rayon spécial, dit rayon marocain ! Et le succès couronnera leurs efforts. Déjà les Marocains de la classe riche ou aisée ont une prédilection pour les produits français : avec un peu d'habileté et de persévérance, le peuple suivra d'autant plus facilement que tous ces gros personnages détiennent pour la plupart l'autorité religieuse.

Malgré toutes ses imperfections, le commerce français est en voie de progression constante, et nous arrivons en deuxième ligne, très près de l'Angleterre, pour le chiffre total des importations et exportations. Nous distançons l'Allemagne de fort loin, bien que celle-ci cherche à grossir par tous les moyens son chiffre d'affaires, pour faire croire à l'énormité de ses intérêts au Maroc.

Notre commerce se fait : *a* par les ports marocains; *b* par l'Algérie et le Soudan; *c* par Mélilla et Ceuta.

a. Commerce français par les ports marocains

On verra par les tableaux suivants que l'augmentation de notre trafic est très significative au cours de ces dernières années, pour l'importation. Pour ce qui est de l'exportation, nous restons stationnaires par suite de l'état désolé du pays. Somme toute, il n'y a rien à craindre pour l'avenir, au contraire.

Années	IMPORTATIONS de la France au Maroc	EXPORTATIONS du Maroc en France	TOTAL
	Francs	Francs	Francs
1892[1]	12.877.465	6.954.250	19.831.715
1896[1]	9.050.750	4.655.405	13.706.155
1900[2]	10.439.704	9.007.857	19.447.561
1902[3]	12.626.660	5.583.640	18.210.300
1903[3]	17.267.925	6.259.593	23.527.520
1904[4]	17.209.425	4.496.650	21.706.075

[1] Années *1892* et *1896*. Chiffres cités par M. V. Collin.

[2] Année *1900*. Chiffres officiels cités par la Revue Politique et Parlementaire (février 1904).

[3] Années *1902* et *1903*. Chiffres des rapports consulaires anglais et français.

[4] Année *1904*. Chiffres des rapports consulaires anglais, publiés par le Foreign Office (non compris Tétuan).

Le commerce français, de passif, est devenu actif. La France envoie désormais au Maroc beaucoup plus qu'elle n'en reçoit.

Ce commerce se répartit ainsi entre les huit ports marocains (d'après les statistiques du *Foreign Office* [1] pour 1903) :

[1] Foreign Office, annnual series, n°s 3.261 et 3.322.

Villes	IMPORTATIONS Francs	EXPORTATIONS Francs	TOTAL Francs
Tanger	3.002.450	1.249.200	4.251.650
Tétuan	329.625	130.140	459.765
Larache	5.359.000	579.455	5.938.455
Rabat	1.706.900	281.100	1.988.000
Casablanca	3.296.600	2.328.625	5.625.225
Mazagan.... ..	896.125	674.175	1.570.700
Saffi...........	334.750	183.125	517.875
Mogador.	2.342.075	833.775	3.175.850
	17.267.925	6.259.595	23.527.520

Ainsi, le commerce français se fait principalement par Tanger, Larache, Casablanca et Mogador.

Pour l'année 1904 [1], les chiffres sont en général plus faibles à l'exportation, sauf à Larache (773.825 contre 570.455 en 1903), et à Saffi (211.000 contre 183.125). En revanche, nos importations ont augmenté considérablement dans tous les ports, sauf à Larache, où elles ont baissé brusquement de près de 2 millions (1 949.625 contre 5.359.000). Elles ont plus que doublé à Tanger dans l'espace de quelques années (1.497.642 en 1899) contre 3.829.425 en 1904).

S'il est vrai que l'expansion commerciale d'une grande puissance dans un pays à moitié barbare se manifeste par l'envoi de produits de son industrie, la France exerce au Maroc une prépondérance que seule l'Angleterre est en mesure de lui disputer.

[1] Foreign Office.

Elle laisse bien loin derrière elle l'Allemagne, qui arrive péniblement à exporter pour une valeur de quatre millions de francs dans l'Empire des Chérifs.

Enfin en 1905, un rapport préliminaire anglais [1] nous signale que les importations françaises au Maroc permettent de dépasser en valeur celles de n'importe quel autre pays. L'année est exceptionnellement mauvaise pour les affaires, excepté pour la France. En raison de la sécheresse et du manque de récoltes, la population doit s'approvisionner à l'étranger. A cet effet, des bateaux supplémentaires ont été affrétés à Marseille, d'où ils apportent de grosses quantités de semoules et de sucres. Bien que cette crise doive être éphémère (espérons-le pour le Maroc), il n'en est pas moins vrai que les habitants du pays prennent l'habitude de s'adresser de préférence à la France, tout au moins pour certains produits, qui tendent à nous faire attribuer un véritable monopole de fait. L'impulsion est donnée, et l'on peut espérer que les demandes marocaines se généraliseront. Quoi qu'il en soit, nos exportateurs ont obtenu là un premier résultat des plus encourageants.

Nos armateurs ne sont pas moins bien partagés, le tonnage des navires français suivant une progression parallèle.

[1] Cité par BULLETIN DU COMITÉ DE L'AFRIQUE FRANÇAISE, oct. 1905.

TONNAGE DES NAVIRES ENTRÉS DANS LES PORTS MAROCAINS [1]

	1900	1903	1904
Navires Français :	—	—	—
	201.088 tonnes	265.612 tonnes	316.949 tonnes

[1] FOREIGN OFFICE.

Ainsi, en quatre ans, le tonnage français a augmenté de plus de 100.000 tonnes, c'est-à-dire d'un tiers, résultat d'autant plus beau, que le tonnage allemand est stationnaire au Maroc, malgré le développement bien connu de la marine marchande de l'Empire.

En 1896, le Maroc n'était desservi régulièrement que par deux Compagnies françaises, la Cie de Navigation Mixte de Marseille (une fois par semaine), et la Cie Paquet, de Marseille, également (quarante-cinq entrées dans l'année). De temps en temps, apparaissaient encore à Tanger quelques bateaux de la Cie des Transports Maritimes Algériens, et c'était tout.

En 1905, les lignes françaises sont au nombre de six. Sont venues s'adjoindre aux précédentes : la Société Générale des Transports Maritimes à vapeur (Marseille) ; la Cie Havraise Péninsulaire (le Havre) ; la Société Navale de l'Ouest (le Havre) ; la Cie Chabert et Castanié (Oran). De plus, la Cie des bateaux

[1] BULLETIN DU COMITÉ DE L'AFRIQUE FRANÇAISE. Supplément, juillet 1905 (C. Fidel).

à vapeur du Nord (Dunkerque) ; la Cie Transatlantique (St-Nazaire) et MM. Delmas frères (La Rochelle) projettent de faire sous peu escale à Tanger. Soit un total de neuf services réguliers entre la France et le Maroc. Dans l'état actuel de notre marine, ces constatations sont particulièrement réconfortantes.

Quant aux maisons de commerce françaises au Maroc, qui dépassent le chiffre de 175 [1], elles sont plus nombreuses que celles de n'importe quelle autre nation européenne, surtout à Tanger (75). Dans cette dernière ville, presque tous les commerces et corps de métiers y sont représentés par des Français, des Algériens ou des protégés français : on y trouve jusqu'à des dépôts de grandes maisons parisiennes (Le Printemps, Félix Potin, Cusenier, etc...)

Trois banques françaises ont une agence à Tanger : le Comptoir d'Escompte, la Cie Algérienne et le Crédit Foncier et Agricole d'Algérie. Le Comptoir d'Escompte a ouvert tout récemment une agence à Casablanca et une autre à Mogador ; la Cie Algérienne se propose de faire de même ; on parle même d'établir une agence à Fez. En cumulant les capitaux des maisons de commerce françaises, des

[1] Il n'y en avait que neuf en 1885. Sur ces neuf négociants français, quatre étaient agents consulaires. (J. Erckmann).

propriétés et établissements français, et des capitaux engagés par les banques françaises au Maroc, on estime à une centaine de millions de francs l'importance globale des intérêts français au Maroc.

Il existe un service postal télégraphique français au Maroc, comprenant un bureau de plein exercice érigé en recette principale, Tanger; dix recettes-distributions : Casablanca, El-Csar, Fez, Larache, Marrakech, Mazagan, Mogador, Rabat, Saffi, Tétuan; et cinq agences postales : Fez-Mellah, Marrakech Médinah, Arzila, Salé et Mecknès. La poste française est, avec la poste allemande, la plus utilisée du pays[1] : elle dépend actuellement de l'administration des Postes françaises, mais elle est due à l'initiative privée (M. Gautsch). En outre, la France possède deux câbles, l'un de Tanger à Oran, et l'autre de Tanger à Cadix (ce dernier depuis le 24 juin 1901). La sûreté et la continuité de transmission donnent aux câbles français une grande supériorité sur les autres. — La France a édifié à Tanger un hôpital, sur un terrain donné par M. Jules Jaluzot; il est

[1] Statistiques pour 1904 :
Expéditions de lettres : 1.237.056.
Vente de timbres : 55.994 francs.
Mandats : 2.481.148 francs à l'émission.
— 1.249.762 francs pour les paiements.
L'augmentation sur 1903 est sensible.
(Le Journal, 30 juillet 1905).

subventionné par la légation de France. C'est aussi à Tanger que paraît tous les jeudis un journal français, *Le Réveil du Maroc*, auquel sont venus s'adjoindre depuis peu *Le Maroc* et un journal arabe d'inspiration française *Essaâda*.

Un autre moyen d'action pour notre pays consiste dans la propagation de la langue française, qui est de plus en plus comprise et parlée au Maroc, grâce à l'œuvre de l'Alliance Israélite universelle et aux efforts de l'Alliance française. L'enseignement est donné en français aux Juifs du Maroc par des professeurs préparés à l'Ecole Normale Israélite d'Auteuil. Ce caractère en fait de véritables écoles françaises. Or, comme la plus grande partie du commerce marocain est entre les mains des Juifs, on peut dire que le français est la langue commerciale. L'Alliance française de son côté, qui a créé récemment dans son sein un Comité du Maroc, a fondé plusieurs écoles purement françaises qui sont très florissantes. Enfin, en vue d'accroître nos intérêts commerciaux et industriels au Maroc, il s'est fondé, en 1904, à Tanger, sous le contrôle de la légation de France, le Syndicat pour l'extension des intérêts français, dont le but est de fournir gratuitement à tous nos compatriotes tous les renseignements nécessaires pour commercer au Maroc. En y joignant l'organisation d'une police franco-marocaine, on peut dire que nos moyens d'action sont très supérieurs à ceux des autres puissances.

Quels sont maintenant les principaux produits importés par notre pays? Au premier rang, on peut citer le sucre, dont l'importation est presque exclusivement française. Les Marocains consomment annuellement pour plus de 7 millions de sucre français. Les Belges et les Autrichiens, qui essaient de nous concurrencer, n'ont eu, jusqu'à présent, qu'un maigre succès. C'est tout juste si les Belges ont vendu pour 300.000 francs de sucre à la ville de Fez en 1904, tandis que nous en livrions pour plus de 1.200.000 francs. En second lieu, les soieries et tissus de soie de provenance française ont atteint de leur côté le chiffre important de 3 millions 1/2 de francs, dont 900.000 francs pour la seule ville de Fez. Viennent ensuite les envois de tissus de coton, farines et pâtes, armes et munitions, matériaux de construction, qui représentent des sommes très élevées, puis des épices, savons de toilette, cartes à jouer, papiers, miroirs et glaces, teintures d'aniline pour étoffes, montres et horloges, etc., etc. Il y a quelques années, nous occupions la première place pour les draps, mais l'Allemagne, inondant le marché de draps moins bons et meilleur marché, légers comme de la mauvaise flanelle, est parvenue à nous supplanter, provisoirement, espérons-le.

La France achète surtout au Maroc des peaux de chèvre, des légumes secs, des laines, des amandes, des bœufs. Beaucoup d'autres articles (burnous, babouches, etc.) sont confectionnés au Maroc dont un grand nombre part à destination de l'Algérie.

b. *Commerce français par la frontière algérienne et le Soudan.*

C'est peut-être la branche de notre commerce national au Maroc qui est appelée au plus bel avenir. Quand nous aurons la satisfaction de voir Oran et Lalla-Marnia reliés par une voie ferrée à Taza et à Fez, quand la frontière de 1845 ne sera plus que du domaine de l'histoire, on peut prédire aux relations algéro-marocaines un essor magnifique. Mais les deux pays n'ontpas attendu ce jour, que nous espérons peu lointain, pour se livrer entre eux à d'importants et d'incessants échanges. C'est là un fait qui a le don d'exaspérer les Allemands. Rien n'est plus sujet à caution, comme on le verra plus loin, que leurs statistiques commerciales marocaines. Leurs chiffres sont grossis comme à plaisir, et ils trafiquent des nôtres avec une évidente mauvaise foi, dans un but facile à comprendre. Or, c'est particulièrement la branche algéro-marocaine du commerce français qui se trouve la plus maltraitée. On voit d'éminents publicistes allemands, comme le Dr. Mohr [1], M. Théobald Fischer [2], proclamer hautement dans leurs ouvrages que les statistiques de la Direction des Douanes de l'Algérie sont volontairement fausses. Ainsi, l'importance des ventes de troupeaux de bœufs et de moutons par les Marocains sur les marchés d'Algérie est réduite à presque rien par ces aimables personnages. Alors que le mouton, sur le marché de Marnia, est vendu au prix moyen de 25 pesetas, M. Th. Fischer se vante d'en avoir acheté au Maroc au prix de 3 à 5 pesetas seulement. Ce qui lui fait dire, sous forme de moquerie, « que le mouton marocain voit sa valeur quintupler en traversant la frontière algérienne ». Or, les renseignements les plus sérieux permettent d'affirmer qu'il n'y a rien d'exagéré dans les statistiques françaises du commerce algéro-marocain, et que, d'autre part, le prix des moutons achetés par M. Fischer est au moins douteux. Si le fait est cependant exact, il fallait à coup sûr que le vendeur de M. Fischer fût poussé par une impérieuse nécessité, la famine par exemple [3], à échanger son troupeau à vil prix contre

[1] *Frankreich und seine Handelstellung zu Marokko.* Deutsche Monatschrift für Kolonialpolitik und Kolonisation. Nos 4, 5, 1904.

[2] Abdruckaus Dr. Petermanns. *Geogr. Mitteilungen 1905.* Heft IV.

[3] Et cette éventualité n'est pas rare au Maroc.

des espèces « sonnantes et trébuchantes ». Nous laisserons donc aux Allemands, sans nous y attarder davantage, leurs évaluations et leurs procédés.

Voici la répartition du commerce précité :

ANNÉES	IMPORTATIONS algériennes au Maroc	EXPORTATIONS du Maroc en Algérie	TOTAL
1899..........	839.000	4.454.000	5.293.000
1900..........	600.000	11.371.000	11.971.000
1901..........	673.000	16.108.000	16.781.000
1902..........	1.031.000	10.771.000	11.80[illegible].000
1903..........	1.342.000	9.150.000	10.492.000
1904..........	2.457.000	5.270.000	7.727.000

Ce qui frappe dans cette statistique publiée par la Direction des Douanes, c'est la contraction subie par les exportations marocaines pendant ces trois dernières années (16 millions en 1901 contre 5 millions seulement en 1904). On pourrait de prime abord s'en inquiéter vivement, mais cette impression ne peut durer quand on examine le pourquoi des choses. Depuis 1901, en effet, le prétendant Bou-Hamara a son quartier général dans l'amalat d'Oudja. L'insurrection règne en maîtresse aux confins de l'Oranie, et les communications de Fez à Marnia sont coupées. Que le Rogui et, partant, l'insécurité, disparaissent, et les Marocains reprendront vite le chemin de notre frontière.

Il est bon de remarquer, toutefois, que l'importation algérienne au Maroc n'a pas souffert de la crise, car le chiffre de 1904 est le plus élevé qu'on ait enregistré. Cette constatation concorde avec ce que nous disions plus haut du commerce franco-marocain proprement dit.

Ne sont pas compris dans les chiffres précédents :

1° le mouvement par le Kiss, qui s'est élevé en 1903 à 1.600.000 francs.

2° le mouvement par Nemours, qui est un vrai port marocain (plus de deux millions en 1901).

3° le mouvement de contrebande, très important sur cette frontière de 1.200 kilomètres, où nos postes de douane sont très espacés.

4° le mouvement par Beni-Ounif qui a pris très vite une remarquable extension. Il y avait en 1903, trois maisons de commerce françaises à Beni-Ounif, 14 en janvier 1904, 26 en octobre de la même année. Ces 26 commerçants faisaient pour plus de 5 millions d'affaires, et en 1905, ce chiffre sera certainement dépassé.

Depuis l'installation de la voie ferrée, les Figuigiens et les habitants du Touat et du Tafilelt s'approvisionnent à Beni-Ounif : les habitants de Figuig, surtout, y viennent en masse (plus de 300 par jour). Ce marché naissant promet, avec les centres d'Aïn-Sefra, Mecheria, El-Aricha, de devenir tout à fait important. On peut donc s'attendre, quand la région d'Oudja sera pacifiée, à voir le commerce algéro-marocain atteindre rapidement 20 millions de francs.

Quant à la valeur totale des marchandises admises, en 1904, à transiter en franchise de tous droits sur le territoire algérien, à condition d'être exportées à destination du Maroc, elle a atteint la somme de 1.242.131 francs contre 897.115 francs en 1903 et 748.998 francs en 1902. Ici encore, il y a une progression sensible.

Enfin, en ce qui concerne nos relations entre le Maroc et les autres parties de l'Afrique française, Sahara, Soudan, les données sont très vagues : il semble, cependant, qu'on puisse estimer à 3 millions de francs la valeur des marchandises importées au Maroc, et à 1 million la valeur de celles qu'il exporte.

Nos envois au Maroc, par voie de terre, consistent en café, thé, poivre, semoules, draps et lainages et surtout en sucre. Depuis la création de marchés francs (convention franco-marocaine du 4 juillet 1901), nos produits arrivent dégrevés des octrois de mer et autres droits algériens. La concurrence étrangère devenant impossible, les importations ne font que s'accroître de jour en jour. « En 1900, nous importions par Lalla-Marnia 954.190 kilos de sucre ; en 1901, 1.614.067 kilos, et en 1902, rien que pour le mois d'août, 278.000 kilos[1]. »

En revanche, les Marocains envoient à l'Algérie le bétail qui lui manque.

IMPORTATIONS EN ALGÉRIE

—

1900 : 21.990 bœufs.	267.440 moutons.	1.967 Quintaux de peaux et
1901 : 41.853 —	290.419 —	1.699 de laines.

soit une valeur de 14 millions en 1901 [2].

Le bœuf du Maroc n'est pas moins indispensable aux colons de l'Oranie que l'ouvrier berbère. Le mouton est moins nécessaire : beaucoup de Marocains en envoient en Algérie, au lieu de les expédier directement à Marseille pour éviter des droits de douanes. « Pays d'arbres, terre de vergers, le Maroc est de plus destiné à approvisionner nos marchés algériens en bois et en fruits [3]. »

c. *Commerce français par Mélilla et Ceuta.*

Voilà encore une branche de notre commerce qui ne figure pas dans les statistiques allemandes et qui est, d'ailleurs, généralement ignorée. Tandis que l'Espagne arrivait péniblement à importer (?) quelques marchandises plutôt pour l'approvisionnement

[1] ÉCHO D'ORAN, octobre 1902.
[2] REVUE DE PARIS, 16 février 1903.
[3] REVUE DE PARIS, 15 février 1903.

de sa garnison, la France envoyait en 1901, à Mélilla, pour 997.000 francs de sucre et de farine[1].

En 1903, le progrès est considérable. La France importe pour 5 millions 036.696 pesetas, et exporte pour 788.440, c'est-à-dire qu'il faut inscrire à l'actif du commerce français 3.676.420 francs, plus 575.503 francs, soit un total de plus de 4 millions de francs[2]. Après nous, l'Angleterre atteint 1 million 1/2, et l'Espagne à peine 1/2 million.

De même, le commerce de Ceuta, qui s'élève à 4 millions de pesetas, est fait presque exclusivement comme à Mélilla, par la France et l'Angleterre. Bien que l'évaluation n'en ait pas été faite, c'est presque un million de francs, qu'il faudrait encore ajouter de ce chef au commerce français.

d. *Récapitulation.*

En réunissant tous ces différents éléments de notre commerce, nous arrivons au total général suivant pour l'année 1904 :

Commerce	français	par les portes marocaines.	21.706.075
—	—	par la frontière algérienne..	7.727.000
—	—	par le Kiss	1.600.000
—	—	par Beni-Ounif	5.
—	—	par le Soudan..............	4.
—	—	par Mélilla et Ceuta	5.
			45.033.075

[1] Revue Politique et Parlementaire, février 1904.

[2] Chambre officielle de Commerce, d'Insdustrie et de Nvvigation de Madrid.

C'est à peu près le même chiffre qu'en 1903. Ce que nous avons perdu sur la frontière algérienne dans la région d'Oudja, nous l'avons regagné par ailleurs, et notamment à Beni-Ounif. Il faudrait aussi mentionner, pour être complet, les millions apportés chaque année à son pays par l'ouvrier marocain, dont la France algérienne achète le travail. En tenant compte de ce nouvel élément, nous arrivons sur le même pied que l'Angleterre. Vis-à-vis de l'Allemagne, notre supériorité, déjà écrasante, s'en accroît d'autant, et l'écart peut encore grandir, si nos commerçants le veulent bien. Qu'ils écoutent les avis éclairés de nos consuls et représentants au Maghreb, et qu'ils se plient docilement aux exigences des acheteurs marocains. Qu'ils sachent enfin, tout en maintenant leur bonne réputation, mettre leurs produits à la portée de toutes les bourses. C'est par là, et par là seulement, que nous obtiendrons là-bas une prépondérance commerciale digne de notre hégémonie politique.

II. — Le Commerce anglais

L'Angleterre a toujours été la première commerçante au Maroc, mais sa position actuelle est loin d'être aussi bonne que par le passé. Autrefois, elle possédait en quelque sorte le monopole du commerce avec ce pays. A l'heure qu'il est, ce monopole est bien effacé. Elle figure toujours en tête de liste sur les statistiques internationales, mais son déclin est visible, et le jour n'est pas loin où la France viendra lui ravir une place jusque-là incontestée. Si même nous en croyons un rapport britannique tout récent, il paraîtrait que ce serait déjà chose faite : la France viendrait en tête pour 1905 !

Le déclin de l'Angleterre ne vient que de la concurrence heureuse qui lui est faite par la France et l'Allemagne. Au temps des Drummond Hay, le commerce de ces deux pays avec le Maroc était presque négligeable, et la Grande-Bretagne pouvait placer ses produits en toute sécurité. Mais d'année en année, quelques articles dont elle avait la vente exclusive vinrent à lui échapper : on vit les draps arriver au Maroc sous pavillon allemand, et les sucres sous pavillon français. Elle eut beaucoup de mal à garder ses positions sur les autres produits, et actuellement, il n'y a guère que sur les cotonnades, le thé et les bougies qu'elle maintient sa prédominance.

Comme la France, elle envoie plus qu'elle n'achète, et si l'ensemble de son commerce a peu varié, ses importations ont gagné au détriment de ses exportations. Mais cette augmentation est légère, au regard des progrès accomplis par la France. En

12 ans, ses importations totales, en y comprenant le commerce par Mélilla et Ceuta, n'ont augmenté que de 6 à 7 millions (26 millions en 1892, 33 en 1904). Or, pendant le même temps, la France gagnait plus de 15 millions à l'importation, par les ports marocains, espagnols, le Kiss, la frontière algérienne, Beni-Ounif et le Soudan ! Il y a donc pour le commerce anglais un certain ralentissement, une certaine stagnation de mauvais augure. Il ne faudrait pas toutefois pousser les choses à l'extrême : il se peut fort bien, qu'avec le développement de la civilisation au Maroc, le commerce britannique prenne une nouvelle extension en rapport avec son incontestable activité. Il se peut qu'il accapare une notable partie de l'augmentation générale des affaires, qui résultera du rétablissement de l'ordre et de l'organisation définitive du pays. Il y sera puissamment aidé par sa vieille connaissance et sa longue habitude du marché marocain. L'Angleterre peut y être concurrencée, elle n'y sera jamais éclipsée d'une manière complète : et en proclamant le principe de la libre concurrence pour tous, la France décernait au trafic marocain de la première puissance commerciale et maritime du monde un brevet de longue vie.

Voici le bilan du commerce anglais depuis 1890. Les chiffres des statistiques concordent assez peu en général; ainsi, pour la seule année 1892, l'almanach de Gotha donne un total de 45 millions d'affaires, les statistiques officielles anglaises un chiffre de 37 millions (1.462.000 £), et les rapports consulaires 35 millions seulement (1.338.000 £) ! Il faut prendre des moyennes pour avoir une idée à peu près exacte de la réalité.

ANNÉES	IMPORTATIONS	EXPORTATIONS	TOTAL
1890.....	762 *Milliers de £*	668	1.430
1892.....	755 »	707	1.462
1894.....	638 »	360	998
1896.....	599 »	218	817
1898.....	549 »	386	935
1900.....	720 »	618	1.038

Ces chiffres sont empruntés au *Statistical Abstract for the United Kingdom* [1].

Pour ces deux dernières années, le *Foreign Office* [2] nous donne les chiffres suivants :

ANNÉES	IMPORTATIONS	EXPORTATIONS	TOTAL
1903.......	33.351.850 *francs*	14.819.670	48.171.520
1904.......	31.261.550 »	12.184.025	43.445.575

En y ajoutant le commerce avec les possessions espagnoles de la côte marocaine, on peut évaluer le commerce anglais à 51 millions en 1903, et 47 en 1904.

[1] Cités par V. Collin.

[2] *Annual Series*, nos 3.261 et 3.322.

On voit que l'augmentation n'est pas très sensible sur la période 1890-1892. Ce commerce a subi de 1892 à 1900 une crise très sérieuse, mais il a su se remettre à flot. Comme pour la France, cependant, les exportations sont toujours en baisse, mais ce n'est là, répétons-le, qu'un phénomène passager.

L'Angleterre importe surtout des lainages, des tissus et des articles d'alimentation; elle a le monopole exclusif de la vente du thé et celui des bougies, en attendant que nos fabricants veuillent bien modifier leurs calibres pour satisfaire la clientèle du pays (les Marocains connaissent très bien en effet les défectuosités de la bougie anglaise, et savent qu'il y a en France des produits courants de fabrication meilleure).

Elle exporte des amandes, des dattes, des peaux et des provisions pour Gibraltar.

Le commerce anglais se répartit ainsi dans les ports marocains (statistiques de 1904)[1] :

	IMPORTATIONS	EXPORTATIONS	TOTAL
Tanger....	3.874.525 *francs*	1.774.600	5.649.125
Larache...	4.918.350 »	411.925	5.330.275
Rabat.....	2.960.000 »	39.500	2.999.500
Casablanca	4.484.200 »	1.861.075	6.345.275
Mazagan...	7.532.825 »	3.602.750	11.135.575
Saffi......	3.696.875 »	2.788.875	6.485.750
Mogador..	3.794.775 »	1.704.700	5.499.475

[1] *Foreign Office.*

Dans tous les ports, l'exportation anglaise est en décroissance, sauf à Saffi, où elle gagne péniblement 800.000 francs sur 1903.

Pour l'importation, on constate de notables progrès à Casablanca, Mazagan, Saffi et Mogador, c'est-à-dire dans les ports du sud. Dans la région nord, au contraire (Tanger, Larache, Rabat), la situation de l'Angleterre est moins bonne que précédemment; c'est là surtout que la France et l'Allemagne l'ont battue en brèche. Ainsi à Tanger, elle a importé pour 2 millions et à Larache pour 5 millions de moins qu'en 1903. Ceci peut paraître assez singulier, car le voisinage du détroit et de la ville de Gibraltar devrait plutôt lui être favorable !

Au surplus, il ne faudrait pas s'imaginer que les statistiques anglaises représentent strictement le commerce national. Beaucoup d'articles étrangers arrivent sous pavillon anglais, qui sont attribués à l'Angleterre, alors que par exemple des farines, des pétroles viennent des Etats-Unis, des bois et des fers de Suède, du sucre pilé d'Autriche, etc. [1]. De nombreuses marchandises n'ont d'anglais que l'étiquette. Cela vient de ce que la marine britannique est brillamment représentée au Maroc comme ailleurs. En 1896, sur 2.300 navires qui ont touché

[1] Rapport de M. Anspach, ministre de Belgique à Tanger (1898).

au Maroc, 600 étaient anglais, soit plus du quart. Le tonnage anglais, en 1903, représente 465.000 tonnes, et en 1904, 521.000, contre 316.000 à la France et 253.000 à l'Allemagne. Beaucoup de marchandises étrangères à destination du Maroc sont laissées à Gibraltar, où elles transbordent sur petits bateaux anglais, et arrivent à Tanger comme marchandises anglaises. De même à l'exportation, les vivres pour Gibraltar entrent en ligne de compte dans les chiffres précités. Or, nul n'ignore que cette place se ravitaille presque exclusivement de l'autre côté du détroit.

Les lignes anglaises qui desservent le Maroc comprennent : la Compagnie Forwood, de Londres à Gibraltar, par Tanger et les ports marocains; la Papayanni Linie, de Liverpool en Egypte avec escale à Tanger; la Mersey-Steamship Company, qui fait escale dans tous les ports marocains; les lignes Bland and C°, et Mateos and Sons entre Gibraltar et Tanger; 4 steamers transportant les Musulmans du Maroc à Djeddah pour le pèlerinage, 3 steamers de plaisance, etc. Il y a une poste anglaise au Maroc, mais on s'en sert aussi peu que de la poste espagnole. De même, le câble anglais de Tanger à Gibraltar est peu utilisé, à cause de la cherté de ses tarifs. On trouve aussi à Tanger 2 hôpitaux et un journal britanniques.

Bref, la situation commerciale de l'Angleterre au

Maroc, tout en étant avantageuse, est loin d'être exceptionnelle. On comprend très bien que les Anglais, en gens pratiques et clairvoyants, se soient effacés devant nous, qui avons là-bas un avenir plus brillant que n'importe qui, pour s'assurer des avantages par ailleurs. Nous disposons au Maroc de moyens d'influence et de pénétration tout spéciaux; les Anglais le savent bien, et dès lors que nous n'entendions pas les gêner, ils ont cru bon de nous laisser agir à notre guise. L'essentiel pour eux était de conserver le Maroc comme débouché. Ils y sont parvenus. C'est donc en rivalisant d'ardeur avec eux, c'est par le seul effet d'une concurrence loyale, mais acharnée, que nous deviendrons et resterons les maîtres sur le marché marocain.

III. — Le Commerce allemand.

Les événements actuels font du commerce allemand la partie du commerce européen la plus curieuse à étudier. Nous sommes à l'heure où l'évaluation mathématique des intérêts économiques acquiert une particulière importance. On nous a étourdis, pendant toute l'année 1905, des intérêts allemands au Maroc. On a vu le Kaiser se poser solennellement en haut protecteur des trafiquants marocains de son Empire; puis, toujours docile, la presse allemande renchérir sur l'attitude et les paroles du maître, et nous avertir, avec aussi peu d'artifices que de courtoisie, que l'Allemagne n'entendait pas voir ses intérêts négligés. De bons esprits en France ont alors pu croire à l'énormité de ces intérêts.

Il importe donc, plus que jamais, de remettre les choses au point. Il faut dissiper toute équivoque. Il faut qu'à la veille de la conférence d'Algésiras, tout le monde sache à quoi s'en tenir sur l'importance réelle des intérêts économiques allemands au Maroc.

Disons tout de suite que ces intérêts ont été fort exagérés. Sur un commerce total de 133 millions fait en 1903 par le Maroc avec les nations européennes, les Allemands n'entrent que pour 11 millions de francs, c'est-à-dire pour un douzième seulement, alors que les commerces français et anglais réunis représentent les 3/4 de cette somme ! Les importations allemandes n'atteignent que 3.700.000 francs sur un total de 79.255.000 francs, c'est-à-dire à peine un vingtième du total ! Un trafic aussi mesquin, qu'il nous soit permis de le dire, ne méritait pas tout le tapage fait autour de lui !

Au surplus, tout ce que les Allemands ont pu faire jusqu'ici, c'est réaliser au Maroc le miracle de la multiplication apparente de leurs intérêts réels. Ils ont su, par leurs efforts, donner l'illusion d'une activité et d'un résultat que démentent les chiffres implacables. Toutes leurs prétentions doivent s'arrêter là. Ils seraient donc mal venus à vouloir nous soutenir que le commerce de leur pays a pris une extension unique, et qu'il progresse davantage que celui de ses concurrents. C'est pourtant ce qu'ils font couramment. La meilleure preuve qu'on en puisse donner, ce sont les statistiques marocaines qu'ils dressent d'une façon plus que fantaisiste. Nous avons déjà signalé celle de M. Th. Fischer, à propos de notre commerce algérien. Voici maintenant celle du Dr Paul Mohr, directeur de la *Deutsche Mittelmeer Gesellschaft* (anciennement *Marokkanische Gesellschaft*), relative aux maisons de commerce établies au Maroc. En en exceptant Tanger, il y aurait eu en 1904 dans les villes marocaines : *23* maisons allemandes, *16* anglaises, *10* espagnoles et *7* françaises seulement ! Bien plus, l'auteur prétend qu'il n'y avait pas, à cette époque, une seule maison de commerce française à Fez ni à Saffi [1]. Nous n'entreprendrons pas la réfutation de pareilles assertions, qui tombent d'elles-mêmes dès que l'on connaît notre situation au Maroc. Mais nous devons constater avec regret qu'elles se trouvent sous la plume d'un homme parfaitement compétent pour parler des

[1] Revue économique internationale. Mai 1904.

choses marocaines. Il y a donc là un parti pris évident.

De même les publicistes allemands mettent en avant, pour leur commerce marocain en 1904, le chiffre de 15 millions de marks, soit plus de 18 millions de francs! Or, tout compte fait, on peut repousser ce chiffre comme très exagéré [1], et adopter une moyenne de 12 millions de francs, chiffre inférieur de moitié à la valeur du commerce français dans les ports marocains.

Enfin les Allemands s'obstinent à ne tenir aucun compte, dans leurs statistiques, de tout le commerce franco-marocain qui s'effectue par l'Algérie et par Mélilla. « En s'appropriant le commerce belge, et en passant sous silence la moitié du commerce français, il leur est facile de se décerner un rang qu'ils ne sont pas prêts d'atteindre [2]. »

Peut-être finiront-ils par se rendre compte de leur ridicule mauvaise foi, et par suivre l'exemple de leur chancelier qui vient enfin d'avouer implicitement la faiblesse des intérêts allemands au Maroc, dans son discours au Reichstag du 6 décembre dernier. Voici son propre langage : « Si l'on a dit que

[1] C. Fidel, Bull. du comité de l'Afrique française. Septembre 1905.

[2] C. Fidel, Bull. du comité de l'Afrique française. Septembre 1905.

nos intérêts commerciaux étaient trop peu importants pour justifier une défense sérieuse, *je réponds à cela que chaque pays a le droit d'apprécier lui-même la valeur de ses intérêts.* L'adage *minima non curat prætor* ne s'applique pas au cas où les droits consacrés par les traités et le prestige d'un pays sont en jeu. » Et plus loin : « Nous prenons la défense de nos intérêts. *L'importance de ces intérêts n'est en ceci que chose accessoire* Celui à qui l'on prend de l'argent dans sa poche, se défendra toujours de toutes ses forces, qu'il s'agisse de 5 ou de 5.000 marks. »

Ainsi, on semble admettre maintenant que la valeur des intérêts à sauvegarder importe peu : l'intention seule suffit. Autrement dit, que le commerce allemand soit le premier ou le dernier au Maroc, nous le soutiendrons quand même. Mais alors, que devient la prétendue hégémonie allemande ? Ne voit-on pas que c'est faire contre mauvaise fortune bon cœur, que c'est se consoler à la manière du renard de la fable ? Se taire sur la primauté commerciale de l'Allemagne pour ne faire valoir que son seul prestige, ne serait-ce pas là une retraite déguisée ? M. de Bülow capitulerait-il ?

Ceci posé, il convient maintenant, pour être tout à fait impartial, de reconnaître la belle allure du commerce de cette nation. Il faut féliciter sans réserves leurs négociants de leurs très réelles qualités commerciales et de leurs efforts persévérants. Ces qualités sont la patience, la minutie et l'étude approfondie des habitudes et des goûts de la clientèle, des prétentions modestes en matière de profit, et de la tolérance pour les paiements. Soutenus énergiquement par les milieux officiels, ces négociants sont arrivés à de magnifiques résultats. Leur nombre s'en est accru dans de rapides proportions. « En 1885, dit le capitaine Frisch, il n'y avait à Tanger qu'un négociant allemand, tout petit trafiquant. Le ministre d'Allemagne lui assura son appui moral et financier. Il lui procura, *par ordre*, des ouvertures de crédit chez les banquiers de Hambourg, et lui fit accorder toutes les concessions possibles. Puis il fit comprendre à beaucoup d'autres de ses compatriotes combien le Maroc offrait de ressources au commerce allemand [1]. » Il ne faut donc pas s'étonner de voir, après de tels encouragements, une centaine d'Allemands au Maroc en 1898, et 200 en 1904, dont 36 commerçants.

Voici les statistiques pour le commerce allemand (rapports consulaires français et anglais [2]) :

	IMPORTATIONS	EXPORTAT.	TOTAL
	—	—	—
1900	3.769.000	7.674.000	11.443.000
1902	4.687.500	53.12.500	10.000.000
1903	3.698.915	6.930.875	10.629.790

c'est-à-dire le 1/4 du commerce français.

[1] Frisch, *Le Maroc.*

[2] BULL. DU COMITÉ DE L'AFRIQUE FRANÇAISE. Juillet 1905.

En 1904, il y aurait, d'après le *Foreign Office*, une progression de 3 millions sur l'année précédente (13 millions dont 5 à l'importation et 8 à l'exportation). Quoi qu'il en soit, ces chiffres nous montrent que le commerce de l'Allemagne au Maroc, contrairement à celui de la France, est beaucoup plus un commerce d'exportation que d'importation, un commerce passif qu'actif. D'autre part, le développement en serait assez lent.

Le commerce de l'Allemagne avec les huit ports marocains était le suivant en 1903 :

	IMPORTAT.	EXPORTAT.	TOTAL
Tanger	933.625	200.00.	1.133.625
Tétuan	50.990	»	50.990
Larache	782.475	68.325	850.800
Rabat	367.900	61.250	429.150
Casablanca	900.975	1.457.715	2.358.750
Mazagan	256.275	1.383.905	1.640.225
Saffi	124.875	760.125	885.000
Mogador	281.800	2.999.450	3.281.250

On voit d'après ce tableau que le commerce allemand n'a de l'importance que dans les ports du Sud, importance due presque uniquement aux exportations d'amandes en Allemagne. On a pu voir au contraire que le commerce français était à peu près régulièrement réparti entre les différents ports.

« A Mogador notamment où, grâce à cette circonstance (l'achat des amandes), le commerce allemand atteint son chiffre le plus élevé, les importations de produits allemands sont insignifiantes par rapport aux importations de produits français, ce qui ne justifie guère les prétentions émises par des journaux allemands sur ce port et sur sa région [1]. »

Les Allemands sont par excellence au Maroc les grands fournisseurs de « camelote ». « Ils ne s'attachent pas à fournir les classes aisées d'objets de bonne qualité et de prix élevé. Ils prétendent au contraire donner aux classes pauvres l'illusion d'un certain bien-être, en leur vendant à bas prix des articles identiques, du moins par l'aspect, à ceux dont on se sert dans les milieux bourgeois [2]. » La forme agréable et le bon marché, voilà ce qui caractérise les articles allemands. Les envois de l'Allemagne au Maroc consistent en tissus (draps, velours, calicots, couvertures, le tout de dernière qualité) ; en articles d'alimentation, notamment en bonbons de toutes sortes ; et en produits divers (quincaillerie en fer émaillé, verrerie et porcelainerie communes, boucles en nickel, couverts, brosseries diverses, tapis, broderies, ferronnerie, papier, couleurs et vernis. Il faut aussi mentionner les phonographes et boîtes à musique, qui sont vendus à des prix exorbi-

[1] C. Fidel, Bulletin, Comité Afrique Française, juillet 1905.

[2] Bulletin Afrique Française, juillet 1905.

tants. « L'Allemagne envoie d'Europe des cylindres où sont enregistrés des contes, des chansons arabes, des airs de musique marocaine recueillis sur place par ses représentants. Les indigènes tiennent absolument à ces cylindres qui répètent des refrains locaux, moyennant quoi ils admettent toutes les polkas et les quadrilles que les fournisseurs veulent y ajouter [1]. »

Il ne faudrait d'ailleurs pas se figurer que les importations de l'Allemagne profitent entièrement à l'industrie de ce pays. C'est un peu comme pour l'Angleterre, mais pour des motifs différents.

Les Allemands sont passés maîtres dans l'art et dans la pratique de la contrefaçon. Il y a d'abord du sucre fabriqué par les Belges, et arrivant sous pavillon allemand, puis des cotonnades fabriquées en Suisse, et qu'on embarque à Hambourg. De même des sucres, des étoffes, du papier, des verreries d'Autriche passant par Hambourg, s'en vont gonfler les statistiques des envois allemands [2]. Les Allemands reçoivent du Maroc des amandes, laines, œufs, cire, gomme, graines, peaux de chèvres, etc...

Pour ce qui est du tonnage de leurs navires dans les ports marocains, ils proclamaient volontiers leur

[1] Ch.-René Leclerc, Bulletin du Comité de l'Afrique Française, juillet 1905.

[2] V. Collin.

supériorité par rapport a nous. Mais depuis trois ans, il leur a fallu en rabattre.

	1900	1903	1904
	—	—	—
Tonnage des navires français :	201.088	265.612	316.949
— — allemands :	254.570	221.385	253.995

Ainsi, en 1900, le tonnage des navires français était inférieur à celui des navires allemands. De 1900 à 1904, le tonnage allemand n'a rien gagné, tandis que le nôtre, qui s'est augmenté de 100.000 tonnes, se trouve dès lors supérieur de 60.000 unités à son rival. A Tétuan, à Ceuta, à Méllila, l'Allemagne n'est même pas représentée par ses navires.

Les Compagnies allemandes faisant escale à Tanger sont : la Oldenburg Portugiesische Dampfschiffs Rhederei (Hambourg) ; la Deutsche ost Africa Linie (Hambourg); la Robert Sloman Junior Linie (Hambourg). Le Norddeutscher Lloyd n'y touche que rarement, et la Deutsche Levante Linie ne s'y arrête plus. Par contre, la Hamburg-Amerika Linie doit y faire escale prochainement. La Woermann Linie a cessé également d'y envoyer ses navires.

La supériorité de la France se manifeste encore par le nombre des maisons de commerce et des capitaux engagés au Maroc. Une statistique officielle allemande de 1905 fait connaître qu'il existe au Maghreb trente-six maisons de commerce allemandes travaillant avec un capital de huit millions de marks, soit dix millions de francs, que la propriété foncière allemande se monte à 500.000 marks, et que les capitaux de l'Allemagne intéressés à ce pays s'élèvent à 1.500.000 francs, soit un total de 10.000.000 de marks ou 12.500.000 francs. Or, la France oppose cent soixante-quinze maisons de commerce aux trente-six allemandes, et 100 millions de capitaux aux douze millions et demi des Allemands. L'écart est particulièrement sensible.

Si enfin la poste allemande fonctionne généralement bien, il ne faut pas oublier que l'Allemagne n'a pas de câble reliant Tanger à l'Europe, qu'elle n'a ni journaux, ni écoles au Maroc. Nous avons vu que la langue française se propageait d'une manière très satisfaisante : au contraire la langue allemande est totalement inconnue dans le pays. C'est là un élément d'influence précieux dont ne disposent pas nos voisins. Ceux-ci sont même obligés, ô ironie, de rédiger en français tous leurs catalogues à l'usage des Marocains. Les commerçants du Maghreb ont la manie des catalogues : « Ils aiment, dans le silence de leur demeure, en examiner à leur aise les vignettes et les illustrations. Ils appellent alors auprès d'eux un jeune juif qui a suivi les cours de l'alliance israélite, ou un Algérien qui se trouve de passage et se font traduire par eux les explications données par les catalogues, ce qu'ils ne pourraient faire si le texte imprimé était de l'allemand [1]. »

En résumé, les intérêts allemands au Maroc sont peu de chose en comparaison des nôtres, et bien que méritant d'être garantis, ils ne peuvent servir de base à des prétentions exagérées. D'autre part, leurs intérêts politiques et moyens d'influence sont nuls. Pourquoi alors se mettre en travers de l'œuvre civilisatrice de la France, qui doit profiter aussi bien à eux, qu'à toutes les autres nations en relations d'affaires avec le Maroc ? C'est que les Allemands ont une peur terrible de ce qu'ils appellent d'un mot barbare « la tunisification du Maroc ». La promesse de la porte ouverte ne leur suffit point, et ils ont peur que nous n'y prenions par la suite la part du lion. « Nous préférons beaucoup, dit le Dr Mohr, les trésors inexploités du Maroc, à tous les trésors exploités de l'Algérie, car de l'Algérie ou de la Tunisie, nous ne pouvons qu'acheter, mais on ne nous fait pas le plaisir de nous acheter à nous. *Nous avons fait l'expérience que les colonies françaises ne sont pour nous que des poches boutonnées.* Nous préférons donc un Maroc fermé à un Maroc boutonné, le fût-il à la mode française [2]. » « Or, dit le prince de

[1] Ch.-René Leclerc, Bulletin du Comité de l'Afrique, juillet 1905.

[2] Revue Economique Internationale, 1904.

Bülow, M. Saint-René Taillandier a soumis à Fez des propositions dont l'acceptation aurait mis le Maroc dans une situation analogue à celle de la Tunisie [1]. »

Joignez à cela la pléthore de produits industriels, qui pousse l'Allemagne à chercher partout des débouchés, et l'on ne s'étonnera plus de sa brutale intervention. « Nous avons un intérêt considérable, dit toujours M. de Bülow, à ce que les territoires du monde qui sont encore libres ne soient encore plus fermés, et à ce que notre industrie et notre commerce ne trouvent pas la porte close dans un pays de grand avenir [2]. » Le Maroc est une des rares contrées du globe dont l'Europe n'ait pas encore disposé. Or, l'Allemagne a peu de colonies, et partant peu de débouchés qui lui soient propres. Elle se débat donc désespérément, pendant qu'il en est encore temps, pour sauver et garder à ses nationaux le marché marocain.

IV. Le Commerce espagnol.

Le commerce de l'Espagne est loin d'avoir l'ampleur des trois précédents : français, anglais et allemand. A n'en voir que le chiffre global, 7 millions

[1] Discours du 6 décembre 1905 au Reichstag.
[2] Discours du 6 décembre 1905 au Reichstag.

en 1904, on pourrait croire cependant que l'Espagne entretient des relations assez actives avec le Maroc, et qu'elle place elle aussi, ses produits sur le marché marocain. Mais il n'en est rien. Le commerce espagnol est presque exclusivement passif; l'Espagne est tributaire du Maroc, à peine lui envoie-t-elle des marchandises pour la somme dérisoire de 800.000 fr. Tout le reste, c'est-à-dire plus de 6 millions, figure à l'exportation chez elle de produits marocains. Rien d'étonnant à cela. Un pays neuf comme le Maroc se nourrit principalement de produits industriels, et l'industrie espagnole est dans le marasme, surtout depuis le conflit avec les Etats-Unis. Elle ne se soutient qu'à force de protection, et ne peut songer à conquérir les marchés voisins, ayant bien de la peine à garder son marché national. M. Collin fait remarquer qu'elle envoie moins de marchandises au Maroc, qui se trouve à sa porte, que la Suède, située à l'autre bout de l'Europe, et qui n'est pourtant pas une grande nation industrielle.

Si donc le commerce espagnol pouvait avoir fait des progrès, ç'aurait été sur les exportations. Or, celles-ci sont en baisse, de telle sorte que le trafic général suit une gradation descendante [1] :

[1] Chiffres cités par V. Collin, René Pinon, LA REVUE POLITIQUE ET PARLEMENTAIRE de 1903 et le FOREIGN OFFICE.

	IMPORTATIONS	EXPORTATIONS	TOTAL
	—	—	—
1892...........	353.825	6.843.110	*7.196.935*
1894...........	595.474	5.508.860	6.104.335
1896...........	280.900	5.011.020	5.291.920
1899...........	522.955	6 »	6.522.955
1900...........	576.989	9.528.677	10.105.666
1904...........	795.825	6.377.900	7.173.725

Ainsi, en 1904, l'Espagne ne fait pas plus d'affaires qu'en 1892. En 12 ans, sa situation commerciale au Maroc n'a pas changé. Elle aurait même tendance à décroître, si l'on s'en rapporte aux statistiques pour l'année 1900.

Son commerce se fait surtout par les ports de Tanger (3 millions), Casablanca (2 millions) et Mazagan (1 million 800.000 fr.). Elle importe un peu de bijouterie et de chocolat, et elle reçoit du Maroc des fèves, lentilles, pois chiches, oranges, peaux, etc.

Le tonnage de ses navires entrés dans les ports marocains en 1904 est, chose curieuse, presque aussi élevé que le tonnage allemand (243.002 tonnes contre 253.995 à l'Allemagne). Tanger est desservi par la Compagnie Transatlantica Española. Casablança et Mazagan sont également reliés à l'Espagne par des services réguliers. Il y a à Tanger une Chambre de commerce et trois journaux espagnols. La poste espagnole du Maroc a un service assez défectueux, et l'on a très peu recours à son câble sous-marin. Il y a au Maroc et notamment à Tanger beaucoup d'Espagnols (5 à 6.000), mais ce sont pour la plupart des échappés de présidios ou des anarchistes, qui forment une population turbulente et peu recommandable. Cette population est d'importance économique très faible, et elle n'a pas contribué au développement du commerce espagnol au Maroc. Pas plus d'ailleurs que la langue espagnole, qui est généralement comprise des Marocains, et la monnaie espagnole qui a cours dans tout le Maroc.

L'Espagne n'a même pas su développer son commerce avec ses présides. Ce sont la France et l'Angleterre qui trafiquent en ses lieu et place.

Ainsi à Ceuta, où il y a pourtant 18.000 Européens, non compris les forçats, le trafic espagnol ne vaut pas la peine d'être mentionné. C'est sous pavillons anglais et français que se font les 3.423.521 pesetas de commerce. Les bœufs servant à l'approvisionnement de la ville viennent de Tanger sous pavillon anglais. Ceuta est une cité chère aux contrebandiers : c'est là que ces derniers embarquent les chevaux marocains à destination de l'Europe.

Mélilla, qui n'a que 3.000 représentants de la population civile (militaires et forçats y sont, au contraire, très nombreux), est un port franc depuis 1887. Les Riffains, qui ont le droit de venir à Mélilla sans armes, viennent en grand nombre acheter ce qui leur est nécessaire et vendre leurs produits. Le commerce de cette ville est assez important.

	Importations.	Exportations.	Total.
	—	—	—
1899	6.364.620 pesetas.	477.080 pesetas.	6.841.700 pesetas.
1902	8.209.486 —	2.422.355 —	10.631.841 —
1903	10.190.553 —	10.190.553 —	11.300.462 —

Il se répartit ainsi :

	Importations.	Exportations.	Total.
	—	—	—
France.....	5.036.696 pesetas.	788.440 pesetas.	5.825.136 pesetas.
Angleterre.	2.883.492 —	263.720 —	3.147.212 —
Espagne ..	1.549.027 —	57.749 —	1.606.776 —

Le commerce espagnol a un rôle très effacé ; la France a, au contraire, la prépondérance. La France envoie à Mélilla des sucres, farines et orge ; l'Angleterre des cotonnades, thés, bougies ; quant à l'importation espagnole, elle est représentée en totalité par les vivres nécessaires aux soldats et aux fonctionnaires de la place. Déduction faite de ces vivres, la part réelle de l'Espagne en 1903, dans le commerce d'importation avec Mélilla, a été de 467 pesetas, composée de balais en palmier nain !

Comme à Ceuta, les Anglais amènent des bœufs de Tanger, pour nourrir la place. Commercialement, cette colonie espagnole est française. Ces présides, qui ne rapportent rien à l'Espagne, lui coûtent cependant horriblement cher. Les recettes d'État s'y élèvent à 80.503 pesetas par an. Or, pour les recouvrer, le personnel touche 113.500 pesetas! Il y a, en outre, 96.100 pesetas de dépenses de matériel, et 209.650 pesetas de frais divers! Pour administrer les domaines de l'État, qui rapportent bon an mal an 500 pesetas, un bureau à Madrid coûte 56.000 pesetas avec 100.000 pesetas de matériel![1] Et le reste à l'avenant!

Les présides ne sont donc bien qu'un tribut payé à l'orgueil national. Elles ne servent à l'Espagne ni politiquement, ni moralement, ni économiquement, et voilà pourtant plus de quatre siècles qu'elle les possède! Aucune influence européenne ne la gênait et elle a toujours été incapable de rien entreprendre, pas même la pénétration commerciale de la région nord du Maroc! En la consultant sans cesse au sujet de ce pays, les puissances ont donc fait preuve, à notre avis, d'une très grande condescendance vis-à-vis d'elle.

V. *Le commerce des autres nations.*

Le commerce des pays autres que ceux que nous venons d'étudier s'élève au cinquième du total des

[1] Bulletin du Comité de l'Afrique française, 1904. (Suppléments).

importations et exportations marocaines. Sur un commerce de 133.205.000 francs en 1903, les nations suivantes entrent pour 26.385.000 francs (13.765.000 à l'importation et 12.620.000 à l'exportation).

La petite Belgique vient au premier rang des puissances secondaires avec un chiffre d'importations assez coquet. Les Belges envoient au Maroc pour 3 millions de francs environ de sucre, fer, bijouterie et cristallerie.

IMPORTATIONS [1].

1892..........	1.601.830	1897....	3.239.198
1894..........	1.977.065	1900..........	3.064.756
1896..........	2.538.775	1903..........	2.600.000

Sous ce rapport, elle est bien supérieure à l'Espagne. Elle ne fait pas avec le Maroc de commerce d'exportation.

L'Italie achète plus qu'elle n'envoie (1.099.338 à l'exportation et 416.500 à l'importation). Elle a abdiqué toute prétention au point de vue politique : elle ne saurait en avoir davantage sur le terrain commercial.

L'Autriche, qui importait quelques millions de kilos de sucre et quelques verreries, décline de jour en jour (298.260 francs en 1900). « Pendant toute l'année 1897, le pavillon de l'Autriche ne s'est pas montré une seule fois à Tanger, et le consul de S. M.

[1] V. Collin.

dans cette ville se demandait en 1898 si l'existence de son consulat était bien justifiée, l'envoi d'informations généralement pas suivies, et l'expédition de timbres-poste et de cartes postales illustrées avec vues de Tanger n'étant pas, à son avis, une occupation assez absorbante ![1] »

Enfin, la Suisse, la Russie, la Suède, les États-Unis et l'Égypte sont en relations d'affaires intermittentes avec le Maroc. La Suisse lui envoie des draps, des montres et pendules, des machines à coudre ; la Russie, des horloges ; la Suède, des fers ; l'Égypte prend au Maroc des babouches et des vêtements, les États-Unis des dattes et des peaux de chèvres. Les envois du Maroc, pour chacun de ces deux derniers pays, atteignent près d'un million chaque année.

Somme toute, deux puissances détiennent, à elles seules, la majeure partie du commerce marocain : ce sont la France et l'Angleterre. Les trafics allemand et espagnol méritent encore d'être pris en considération, mais ils sont loin d'avoir la même envergure. Les autres nations ont un commerce presque négligeable.

Nous allons voir que, sur le terrain politique, ce sont également la France et l'Angleterre qui ont

[1] L'Export (organe du *Centralverein für Handelsgeographie*), cité par V. Collin.

exercé la prépondérance et qui ont joué, au cours du siècle dernier, le plus grand rôle dans les affaires du pays. A côté d'elles, ou plutôt concurremment avec elles, l'Espagne, l'Italie et l'Allemagne se sont efforcées d'avoir une politique marocaine. Quelle a été l'histoire de la politique de chacune de ces puissances depuis l'ouverture de la question, tel sera l'objet des chapitres suivants.

CHAPITRE II

La politique anglaise.
(1830-1905)

La politique anglaise, au cours du XIXe siècle, peut se résumer d'un mot : protection du Sultan. La Grande-Bretagne ne se fit jamais illusion sur l'irrémédiable décadence de l'Empire chérifien, et sur l'impuissance de la domination arabe à l'en relever, mais il lui fallait de toute nécessité maintenir la liberté du détroit de Gibraltar : il lui fallait, en conséquence, empêcher la prise de possession du pays par une rivale européenne. Elle fut donc amenée à se poser comme garante de l'intégrité de l'Empire. On la vit donc à la Cour jouer le rôle de grande donneuse d'avis, et à l'occasion « d'honnête courtier » entre le Sultan et les puissances. Inconsolable d'avoir perdu successivement Tanger (1684) et Ceuta (1814), elle s'attacha d'une manière immuable à faire respecter par les nations un *statu quo* qu'elle savait être désastreux pour tous, en attendant l'occasion propice de faire sans bruit du Maroc un pays britannique. Or, si par ses encouragements au Maghzen, elle réussit à réaliser la première partie de son programme, elle échoua complètement sur la seconde. Elle ne put jamais faire reconnaître ses droits, et tous ses coups de main avortèrent misérablement. C'est ainsi qu'elle fut amenée, après des échecs retentissants, à se désintéresser du pays et à signer avec la France la convention de 1904.

« Quand on s'établit sur un point quelconque du globe, disait Bismarck, même dans une île perdue du Pacifique, il semble qu'on fasse toujours une injure personnelle au gouvernement anglais. » L'irritation de l'Angleterre en voyant la France s'établir en Algérie, semble justifier cette boutade du célèbre chancelier. Par tous les moyens en son pouvoir, elle essaya en 1830 d'enrayer notre expédition ; mais, malgré ses tentatives d'intimidation des ministres de Charles X, elle dut assister, impuissante, à la prise d'Alger par nos troupes. Loin de désarmer, elle revint à la charge en 1844, à l'époque où florissait la première entente cordiale, et elle eut la chance de trouver en face d'elle un roi et des ministres toujours disposés à céder devant ses représentations. Exception faite pour M. Thiers, la seule politique de nos gouvernants d'alors, c'était de ne pas déplaire à la Grande-Bretagne : la platitude envers elle était érigée en principe de gouvernement. Elle eut donc beau jeu pour nous susciter mille difficultés au cours de notre lutte avec Abd-el-Kader, à qui elle prodiguait, par la voie de Gibraltar, armes et munitions. Mais la plus grande de ces difficultés fut la guerre franco-marocaine.

La conquête d'Alger avait été une véritable révolution pour l'Afrique musulmane, et l'on s'attendait presque à voir de nombreux musulmans marocains prendre part à la lutte et venir aider leurs frères d'Algérie. Cependant, il n'en fut rien. A part quelques prédications dans les mosquées, les Marocains ne bougèrent pas, et à peine quelques tribus voisines fournirent-elles quelques combattants, ou plutôt quelques pillards. Le sultan d'alors, Abd-er-Rhaman, effrayé par la chute rapide du Dey, craignait plutôt un conflit avec les Français. Cependant, quand Abd-el-Kader parut en territoire marocain, prêchant la guerre sainte, le gouvernement fut obligé de se mettre à la suite d'un mouvement qu'il regrettait, mais en dehors duquel il n'osait rester, de peur de devenir suspect aux croyants. Comme il hésitait encore à ouvrir les hostilités, ce fut l'Angleterre qui acheva de le décider, en laissant entendre qu'elle interviendrait [1]. Elle rendit la guerre inévitable en se faisant

[1] A la veille de la guerre, le Sultan avait écrit à son fils cette lettre trouvée dans le camp des vaincus d'Isly : « Le consul anglais nous dit que la diablesse, qu'il appelle la Reine et qui

l'instigatrice des agressions des 30 mai et 15 juin 1844 contre les généraux Bedeau et Lamoricière.

Au même moment, et c'est là qu'apparait sa duplicité, elle jouait un jeu exactement contraire en Europe. « Que la France tire un seul coup de canon au Maroc, disait un jour Robert Peel, et la guerre éclatera ! » Quand malgré tout, notre ambassadeur à Londres, M. de Saint-Aulaire, notifia au cabinet anglais l'ouverture des hostilités avec le Sultan de Fez : « Je le regrette profondément, s'écria lord Aberdeen. N'êtes-vous donc pas satisfaits de ce que vous détenez en Algérie, et vous faut-il toujours quelque chose ? » Le 8 juillet, le cabinet fut interpellé à la Chambre des Communes. « Que se passe-t-il sur la côte d'Afrique, lui demanda-t-on, et qu'est-ce que l'Angleterre compte faire pour empêcher le Maroc de devenir une deuxième Algérie ? » Le ministre protesta que jamais il ne permettrait à la France de s'installer au Maroc.

Ainsi, tout en excitant contre nous le fanatisme musulman, l'Angleterre commençait à se préoccuper des destinées du Maroc. Son rôle se dessinait nettement. N'ayant pu empêcher notre établissement aux portes du pays et consciente de sa fai-

commande dans son pays, imposera la paix aux Français, et qu'ils ne bombarderont pas nos ports. » (Questions diplomatiques et coloniales, janvier 1905).

blesse, elle allait commencer à remplir les fonctions, lucratives d'ailleurs, de conseillère et d'associée du Sultan.

On le vit bien à la conclusion de la paix entre ce dernier et le gouvernement de Louis-Philippe. Nous avions remporté de brillantes victoires, le Maroc était à notre merci, et il ne tenait qu'à nous d'exiger des conditions en rapport avec l'inqualifiable agression dont nous avions été l'objet. Mais l'Angleterre veillait. Au lendemain du bombardement de Tanger et de Mogador par notre escadre, Robert Peel, qui craignait que la France ne conservât à titre d'indemnité une partie du territoire, fit savoir au gouvernement français que la Grande-Bretagne serait heureuse de la prompte cessation des hostilités. Aussitôt des ouvertures pacifiques furent faites au gouvernement marocain par nos représentants. La France n'obtint ni un pouce de terrain, ni un centime d'indemnité. « Elle était assez riche pour payer sa gloire ! [1] » Les intérêts français étaient complètement sacrifiés aux susceptibilités britanniques. Une contribution de guerre ne fut même pas exigée, tant était grande la faiblesse de Louis-Philippe en face du cabinet de Saint-James ! La convention de Lalla-Marnia de 1845 aggrava même le traité de Tan-

[1] Cette phrase, attribuée à Louis-Philippe, plongea, paraît-il, les Anglais, dans une douce hilarité.

ger, en créant entre l'Algérie et le Maroc une frontière toute artificielle à l'avantage de ce dernier. Le délimitateur marocain, bien stylé par le Sultan, alias par l'Angleterre, et ayant en main des cartes dressées à cet effet, trompa habilement notre représentant.

En nous voyant abandonner jusqu'au champ de bataille de l'Isly, l'Angleterre, tranquillisée, employa dès lors ses bons offices à rétablir des rapports amicaux entre les Marocains et nous. Mais elle n'abandonnait pas pour cela son idée maîtresse, et avec Sir John Drummond Hay (1845-1880), s'affirma, par une patiente politique d'obstruction, sa prétention de garantir l'indépendance du Maroc, et de maintenir le Maghreb dans son état primitif. Sir John parvint à se faire bien voir du Sultan, et à devenir peu à peu, au cours de sa longue ambassade, « comme un des rouages nécessaires de l'administration marocaine, comme un bon gendarme qui fermait la porte aux aventuriers et aux aventures [1] ».

Pendant que nous partions en guerre contre la Russie, le Mexique, l'Autriche et l'Allemagne, notre voisine était loin de se désintéresser du Maroc. Vers la fin de 1856, l'Europe apprenait que M. Drummond Hay avait conclu avec Abd-er-Rhaman un traité des plus avantageux. Il avait été convenu,

[1] Revue des Deux-Mondes, 1er déc. 1884.

parait-il, que l'Angleterre stipulerait au profit des nations chrétiennes. Mais à la lecture du texte officiel, on dut constater que les dites nations avaient été oubliées. Les privilèges dont jouissaient ses consuls étaient confirmés ; ses sujets pouvaient prendre des terres à ferme et des maisons à loyer, et le Sultan leur assurait toute sécurité lorsqu'ils pénétreraient dans l'intérieur du pays. Par un traité de commerce conclu le même jour (9 décembre), les produits anglais ne pouvaient être frappés à l'entrée d'un droit de douane de plus de 10 °/₀ *ad valorem*. La France se trouvait dès lors devancée, et pour se rapprocher de la situation faite à l'Angleterre, il ne lui restait que d'invoquer la clause de ses conventions lui assurant le traitement de la nation la plus favorisée. Sur un commerce de 50 millions de francs, l'Angleterre faisait à cette époque plus des deux tiers à elle seule.

Par ce double traité, elle rendit sa situation tout à fait prépondérante, et les événements vinrent encore la favoriser. A cette époque, la France et l'Espagne étaient alliées, et en 1858, les troupes espagnoles avaient marché avec les Français à la prise de Saïgon. Cette alliance éveillait les inquiétudes de l'Angleterre, qui joua encore une fois le rôle d'excitatrice des Musulmans contre les chrétiens. Pendant l'année 1859, plusieurs provocations marocaines avaient eu lieu contre Ceuta, et le gouvernement espagnol avait manifesté une patience à toute épreuve. Une agression plus violente que les autres amena la guerre qui ne fut qu'une suite de succès pour les Espagnols. Ils se disposaient à marcher sur Tanger, et déjà l'on escomptait la chute de cette ville, quand tout à coup on apprit la signature d'un armistice entre les belligérants. La paix de Tétuan fut une surprise et une grosse déception. Que s'était-il donc passé ? Devant les progrès de l'armée espagnole, lord Russell avait adressé à M. Buchanan, ambassadeur britannique à Madrid, une note [1] destinée à être remise à M. Collantès, dans laquelle l'Angleterre demandait que l'Espagne ne gardât pas Tanger dans le cas où elle serait amenée à l'occuper, et cela dans des termes si impératifs, que le gouvernement espagnol jugea prudent de s'arrêter. Dès septembre 1859, la presse anglaise avait laissé percer de vifs sentiments d'inquiétude à ce sujet. En réalité, on avait peur que la France ne vînt en aide à l'Espagne, et qu'elle ne demandât Tanger comme prix de ses efforts. En prévenant l'occupation de cette ville, lord Russell répondait pleinement au sentiment de ses compatriotes.

[1] On rapporte même que cette note fut envoyée avant l'ouverture des hostilités. Il y a plusieurs versions à ce sujet.

La pression anglaise amena l'Espagne à profiter aussi peu de ses victoires que la France en 1844. Elle ne gardait même pas Tétuan qu'elle avait occupé. On lui cédait bien Santa-Cruz, mais dès 1861, pour que l'Espagne n'en prît pas possession, l'Angleterre poussait le Sultan du Maroc à lui offrir 20 millions en échange, sous prétexte que l'autorité du Sultan ne s'étendait pas sur la côte où était située Santa-Cruz. Enfin, le Sultan ne pouvant payer l'indemnité de 100 millions imposée par l'Espagne, contracta un emprunt à Londres : le cabinet anglais lui donna toutes sortes de facilités, et lui fit les avances nécessaires. Il est regrettable que la France ne soit pas venue, au cours de cette guerre, prêter son concours moral et matériel à l'Espagne, car, par l'isolement de cette puissance, s'affirmèrent, en quelque sorte, les prétentions de l'Angleterre à garantir l'indépendance du Maroc. Aux yeux du Sultan, les Anglais passaient de plus en plus pour des sauveurs et des amis désintéressés.

Les années qui suivirent, la Grande-Bretagne fut naturellement toute-puissante. C'est en 1865 que fut construit à frais communs, par les puissances, le phare du cap Spartel dont l'Angleterre devait profiter plus qu'aucune autre. Les désastres de la France en 1870 eurent leur répercussion auprès des Musulmans, et l'influence anglaise grandit d'autant à la cour de Fez. Une compagnie anglaise, sous la direction de M. Mackenzie, en profita pour fonder un comptoir au cap Juby, c'est-à-dire aux confins du Maroc, avec l'intention de drainer le commerce de la région, et peut-être le désir secret d'étendre jusqu'en plein territoire marocain la zone d'influence créée autour de cet établissement.

Mais quand la France se fut relevée, et que l'Espagne eut reconnu de quel côté se trouvaient ses véritables ennemis, une certaine réaction ne tarda pas à se produire. Dès l'année 1877, la France envoya sa première mission militaire auprès du Sultan: elle y fut très bien accueillie, et le chef de cette mission devint même l'ami personnel de Moulay-Hassan. En 1880, M. Canovas del Castillo voulut sauvegarder les intérêts de son pays et arrêter la suprématie anglaise.

Il fut sur le point d'envoyer une nouvelle expédition, à la suite de difficultés avec le Sultan. Mais l'Angleterre provoqua une conférence à Madrid. En présence des délégués des puissances, l'intégrité du Maroc fut solennellement proclamée. Mais visant l'Angleterre, M. Canovas affirma pour l'Espagne le droit d'être consultée sur toutes les questions intéressant l'Empire des Chérifs. A la cour de Fez, l'Angleterre dut s'incliner devant la France, avec l'ambassade de M. Ordéga, qui montra une énergie et une habileté auxquelles nos ambassadeurs ne nous avaient plus habitués. Parmi les populations elles-mêmes, notre influence grandit, à un tel point que nombre de sujets du Sultan vinrent se faire inscrire dans nos consulats en qualité de protégés français, et parmi eux le Chérif d'Ouezzan. L'Angleterre, qui accaparait les deux tiers du commerce marocain vingt années auparavant, n'en eut plus que la moitié (24 millions sur 45), et la France put arriver assez près derrière elle avec 15 millions. On redoutait toujours à Londres l'éventualité d'une alliance franco-espagnole, mais l'Espagne se dérobant, cet événement, qui aurait pu être d'une grande utilité pour les deux pays, ne se produisit pas. C'est ce qui permit aux Anglais avec le second Drummond Hay (1880-1886) de reprendre leur œuvre de « taupes obstinées »[1], et de continuer à tenir le Maghreb à l'écart de tout progrès. Ce dernier ministre, trop fervent conservateur des choses marocaines, en arriva même à mécontenter certains de ses compatriotes habitués à faire passer avant tout les intérêts commerciaux.

Mais l'Angleterre s'aperçut bientôt que le Maroc devenait de plus en plus l'objet de l'attention européenne. L'Italie et l'Allemagne, pour ne citer que ces deux puissances, qui s'étaient tenues jusque-là

[1] Deluns-Montaud.

un peu à l'écart, prenaient une position active, le nombre et l'appétit des concurrents augmentaient. Comprenant avant nous que les jours de « l'homme malade » étaient comptés, et qu'il était urgent d'agir avant cette fatale échéance, elle résolut de tenter un grand coup. Sa politique devint audacieuse.

D'autre part, Gibraltar devenait manifestement insuffisant, et il était nécessaire, si l'on voulait conserver la clef du détroit, d'occuper Tanger et la côte avoisinante.

En 1891, elle essayait donc, avec succès du reste, de se faire concéder par le Sultan un petit terrain situé près du phare international du cap Spartel, pour y établir un sémaphore[1] ; mais l'importance stratégique de cette position était trop considérable pour que les menées anglaises eussent la chance de passer inaperçues. La légation de France revint sur cette affaire, et obtint que l'établissement fût internationalisé.

En janvier 1892, elle suscitait des troubles à Tanger pour amener une manifestation de l'impuissance du Sultan, et justifier ainsi une intervention sur la côte méridionale du détroit. Les douars voisins de la ville, mécontents de leur gouverneur, s'étaient

[1] Le ministre d'Angleterre avait fait croire au Sultan que tous les sémaphores de France appartenaient au Lloyd anglais.

approchés à quelques kilomètres de Tanger, après avoir dispersé la troupe venue pour les châtier. Ils étaient décidés, paraît-il, à demander la protection des puissances, c'est-à-dire de l'Angleterre, et à attaquer la ville si on ne leur donnait pas satisfaction. La Grande-Bretagne envoya, comme bien on pense, des navires de guerre pour secourir soi-disant ses nationaux, en réalité pour opérer une tentative de débarquement. Par bonheur, des cuirassés français arrivèrent presque aussitôt, avec mission de débarquer leurs fusiliers si les Anglais quittaient leurs navires. Ainsi pressentis, ceux-ci n'osèrent pas : le Sultan changea son gouverneur, et tout rentra dans l'ordre. Il est probable que sans la rapide intervention française, les soldats anglais, sous prétexte de défendre les habitants de la ville contre les insurgés, occupaient Tanger, et s'y établissaient sans esprit de retour. C'est là une tactique chère à l'Angleterre, et qui lui a quelquefois réussi. Ce qui prouve bien qu'il y avait en l'espèce une véritable machination, c'est qu'au premier bruit des troubles, la presse anglaise s'était mise à effectuer par avance le partage de l'Empire des Chérifs.

Elle abandonnait le territoire continental à la puissance qui jugerait bon de s'en emparer, mais elle réclamait Tanger, en déclarant que ce port, s'il n'était plus marocain, ne pouvait être qu'anglais.

Et le 7 janvier 1892, à la Bourse de Londres, un débarquement de marins anglais à Tanger ayant été annoncé, la nouvelle fut accueillie par le public avec un extraordinaire enthousiasme, et quand elle fut démentie quelques heures plus tard, le désappointement fut très vif.

Mais c'est avec l'ambassade de sir Ch.-Evan Smith que le Sultan eut à subir le plus rude assaut. Sir Smith apportait à Moulay-Hassan un projet de traité approuvé, disait-on, par toutes les puissances, sauf la France, et destiné dans la pensée des Anglais à remplacer la convention de Madrid de 1880. Comme le nouveau ministre de France, le comte d'Aubigny, était arrivé le 30 avril à Tanger, sir Smith, bien que malade, partit aussitôt pour Fez. A peine entré dans la capitale, il fit immoler deux superbes taureaux devant la mosquée de Moulay-Idriss : c'est dire qu'il ne négligea rien pour le succès de sa cause. Malheureusement pour lui, il eut le tort de vouloir traiter Moulay-Hassan comme un simple sultan de Zanzibar, et ses allures déplurent si bien aux Fasi, qu'une émeute éclata, et qu'il faillit être assassiné. Il aurait alors dit au Sultan que si on le supprimait, il y aurait toujours un autre ministre anglais à Fez, mais qu'il n'y aurait plus de Sultan. C'est dans ces conditions qu'il remit à Moulay-Hassan le projet qui était un véritable chef-d'œuvre d'égoïsme. Voici les principales clauses du traité : 1o abaissement des droits d'exportation sur blé et orge ; 2o exportation libre des mulets, ânes, chevaux ; 3o liberté du commerce de cabotage entre tous les ports du Maroc pour tous produits marocains ; 4o *établissement de tribunaux mixtes ; 6o liberté pour les étrangers d'acheter et de posséder des terres* ; 7o établissement d'un vice-consulat anglais à Fez ; 9o adoption d'un projet de banque d'Etat marocaine, *à créer avec des capitaux anglais* ; 10o création d'un corps de police à Tanger et dans les autres villes ; 13o reconnaissance de la souveraineté britannique sur le cap Juby, etc.

Quand le ministre du Sultan apporta à sir Smith le traité revêtu de la signature de son maître, des modifications avaient été apportées à peu près à tous les paragraphes, ayant pour effet d'annuler les clauses précédentes. Le ministre anglais, furieux, déchira le traité, et en jeta, dit-on, les morceaux à la tête du vizir qui le lui avait apporté. On raconte en outre que Moulay-Hassan avait préalablement offert un pot de vin de 30.000 livres, si sir Smith voulait se contenter d'un traité inoffensif : celui-ci avait repoussé cette offre et fait un petit essai de terrorisme qui n'aboutit qu'aux restrictions signalées. Bref, l'échec de l'ambassade anglaise fut complet : le ministre quitta la ville sans avoir pu rien terminer, et le Sultan, offensé, se plaignit à la reine d'Angleterre. La diplomatie française, qui n'avait pas été étrangère à ce résultat, triomphait pleinement.

Mais le *Foreign Office* fit volte-face : on rappela sir Smith, et on chercha à faire oublier la mauvaise impression qu'il avait produite, en le faisant désavouer par son successeur, M. Elliott. En 1893, le colonel sir West Ridgeway fut envoyé en mission à Fez par lord Rosebery, pour reprendre les négociations au point où sir Smith les avait laissées. Sir West Ridgeway eut une longue entrevue à Madrid avec le ministre des affaires étrangères espagnol. Il lui offrit une action commune au Maroc, mais il essuya un refus. Il devenait plus que jamais évident que l'Angleterre cherchait toutes les occasions d'intervenir. Un de ses sujets ayant été assassiné à Tanger, elle prétendit que l'indemnité n'arrivait pas assez vite, et elle fut encore sur le point de faire débarquer des troupes. De même en 1894, elle envoya à Casablanca un croiseur, pour y faire une démonstration, à la suite d'un attentat sans gravité contre un employé de sa légation. Si la vigilance des puissances s'était relâchée un seul instant, tout eût été pour l'Angleterre matière à intervention et à occupation d'un point du territoire marocain.

Cependant les fautes de sir Smith avaient porté

leurs fruits, et sir West Ridgeway se heurta à une très mauvaise volonté de la part du gouvernement chérifien : il dut se borner à visiter les différents postes consulaires anglais, et revint à Londres sans aucun résultat. Mais il fallait à tout prix rentrer en grâce. L'on vit donc le nouveau chef de la légation, M. Satow, prodiguer au Sultan les marques d'un profond respect et d'une humilité rare : pendant sa réception à Fez, il resta tête nue jusqu'à la fin de l'audience, contrairement à l'usage nouveau qui voulait qu'on saluât seulement le Sultan, et il se montra plein de déférence pour lui. Il est vrai qu'il était porteur d'un pli assez volumineux et d'une certaine importance, si l'on en juge par le temps qu'en dura la lecture.

L'Angleterre demandait encore des modifications aux tarifs d'exportation et la suppression de la clause de la conférence de Madrid restreignant les facilités pour les Européens d'acquérir des propriétés au Maroc.

L'obséquiosité de M. Satow ne réussit pas mieux que la raideur et les brutalités de sir Smith : le Sultan se refusa encore à toute concession. Le seul résultat obtenu fut le rachat du cap Juby (convention du 13 mars 1895). L'établissement n'avait pas donné les résultats que les Anglais en attendaient ; ils n'étaient pas parvenus à détourner les caravanes vers leurs possessions, et leurs moyens d'influence et de pénétration vers le Maroc étaient nuls. L'occupation de Tombouctou par la France acheva de les décourager. Devant l'inanité de leurs efforts, ils préférèrent céder le comptoir à un prix avantageux (1.250.000 francs). Quant au Sultan, il vit dans ce rachat un moyen de fermer les frontières du Sud à toute entreprise européenne.

En octobre 1895, l'Angleterre installa un consulat à Fez, suivant en cela l'exemple que nous venions de donner. Elle eut plus de succès auprès du Maghzen avec sir Arthur Nicholson. Très au courant des choses musulmanes, sir Arthur reconquit tout le terrain perdu par sir Smith. En présentant ses lettres de créance au jeune Abd-el-Aziz, qui venait de succéder à Moulay-Hassan, il ne négligea pas de lui offrir de nombreux et somptueux cadeaux, alors que le ministre français auprès du nouveau souverain n'avait rien donné. Soutenu par Mac-Lean, qui commençait à être bien en cour, il obtint quelques avantages, tels que l'installation de pontons et d'un môle en rade de Tanger, l'organisation du lazaret de Mogador et de fortes commandes pour l'industrie de son pays. L'audace des Anglais reparut en même temps que leur influence, et le *statu quo* marocain fut de nouveau mis en péril par ses plus acharnés défenseurs.

En février 1898, on vit apparaître sur la côte du

Sous une expédition anglaise envoyée par le *Globe Venture Syndicate*, société fort honorable qui comptait parmi ses administrateurs un ancien ambassadeur d'Angleterre en Russie. Le vapeur *Tourmaline*, qui transportait l'expédition, après s'être approvisionné d'armes à Anvers, tenta de les débarquer dans cette région, et de nouer des intelligences avec les chefs des tribus, pour soustraire aux douanes du Sultan le trafic des caravanes allant à Mogador. C'était un nouveau comptoir que l'on cherchait à créer, mais cette fois, en plein territoire marocain. L'initiative était belle, mais l'ignorance de la convention du 13 mars 1895, par laquelle l'Angleterre s'engageait à ne poursuivre aucun établissement sur la côte, pouvait paraître tout au moins singulière. Chose extraordinaire, ce fut le zèle d'un fonctionnaire marocain, oublié sans doute dans la distribution des pots-de-vin, qui fit échouer l'entreprise. L'unique canonnière du Sultan, « le Hassani », arriva à temps pour repousser « la Tourmaline » à coups de canon et capturer ceux des Anglais qui avaient gagné le rivage. L'affaire fit grand bruit, et l'Angleterre fut obligée, pour donner satisfaction au Sultan, de désavouer et de mettre en accusation le major Spilsburg, chef de l'expédition. Les débats du procès, qui eut lieu à Gibraltar, révélèrent que sir Arthur Nicholson avait secrètement encouragé cette tentative, mais de telle façon qu'il lui était possible de se dégager en cas d'échec.

Le ministre britannique redoubla donc d'égards à la cour du Sultan pour faire oublier ce petit raid Jameson, et se poser en fidèle gardien du *statu quo*. Il encouragea le Maghzen à protester contre l'occupation du Touat par la France, et à gêner notre action en soulevant contre nous les Berabers marocains et ceux du Tafilelt. En même temps, les journaux anglais demandaient que les puissances continentales, l'Allemagne notamment, s'entendissent avec la Grande-Bretagne pour s'opposer aux projets d'envahissement de la France. La mort de Bâ-Ahmed (mai 1900) et l'émancipation d'Abd-el-Aziz coïncidèrent avec une recrudescence d'influence britannique : aucune barrière ne s'opposa plus à l'intrusion des Anglais qui devinrent tout-puissants à la Cour de Fez. La fortune de Mac-Lean atteignit son apogée. Cet ancien sous-officier déserteur, installé au Maroc en 1879, et devenu l'instructeur des troupes marocaines, avait été assez habile pour gagner la confiance des Sultans, et se maintenir malgré les changements de souverains et de personnel. Sa situation se fortifia encore de l'amitié que lui porta Abd-el-Aziz, qui le nomma caïd. Il fut donc à même de rendre de nombreux services à la cause et surtout au commerce de son pays. Ce fut lui qui introduisit à la Cour le correspondant du *Times* à Tanger, M. Harris, pour s'en faire un puissant auxiliaire comme propagateur des idées anglaises.

Aucune puissance en 1901 ne pouvait prétendre avoir le pas sur l'Angleterre à la Cour de Fez : les seuls avis anglais étaient entendus et suivis ; le bon vouloir du Maghzen ne se manifestait que pour les réclamations anglaises ; les attentats contre les sujets britanniques étaient réprimés d'une façon peu commune (mise à mort immédiate de l'assassin du Dr Cooper), enfin les négociants anglais étaient les fournisseurs attitrés et exclusifs de S. M. chérifienne. L'occasion était trop belle pour que la Grande-Bretagne ne cherchât pas à en profiter d'une façon définitive. Au surplus, l'horizon s'obscurcissait du côté de l'Europe. La France était sortie de sa longue inaction, et son attitude laissait supposer qu'il allait falloir compter avec elle. L'Allemagne parlait avec insistance de la nécessité de doter le Maroc de tous les organes de la vie économique moderne. La presse espagnole s'occupait fébrilement d'un partage éventuel, et étalait avec complaisance les droits de l'Espagne sur l'Empire des chérifs. Bref, il était nécessaire d'agir avec rapidité. L'entourage anglais du Sultan le lança donc délibérément dans la voie des réformes et dans celle de la banqueroute, comme un moyen d'arriver à coup sûr à une tutelle effective sur le pays. On chercha à rendre l'appui de l'Angleterre indispensable, et à produire des incidents capables de jeter le Sultan entre ses bras. On tenta « d'égyptianiser » le Maroc [1]. Le Sultan, écrivait M. Harris, est doué d'une vive intelligence et animé des meilleures intentions, mais il est très gêné par les influences de son Maghzen. « Avec des vizirs honnêtes *et aux idées larges*, il y aurait toutes les raisons d'espérer une période de jours meilleurs pour le Maroc [2]. » Or, nul n'ignore ce que c'est, pour un Marocain, d'avoir les idées larges, au sens britannique. Sir Smith avait déjà préconisé la création des tribunaux mixtes, d'une banque d'Etat marocaine, et d'un corps de police anglais : en y joignant des vizirs et des caïds à la mode britannique, l'organisation du Maroc aurait touché à la perfection! Mais les Anglais n'eurent pas la satisfaction de voir fonctionner un si bel organisme : ils avaient compté sans la force conservatrice de l'esprit marocain, moins docile que l'esprit égyptien. Les réformes qu'ils avaient lancées par l'intermédiaire

[1] C'est à cette époque que l'Angleterre fit envoyer par son allié, le Portugal, un ministre au Maroc au lieu d'un simple consul, que cette puissance avait jusqu'alors. L'Angleterre désirait ainsi avoir une voix de plus dans le conseil diplomatique au Maroc.

[2] Bulletin du comité de l'Afrique Française. Mai 1901.

d'Abd-el-Aziz mécontentèrent gravement les populations. La révolte éclata, et le Sultan fut obligé de revenir sur ses actes antérieurs pour demeurer au pouvoir. Harcelé jusqu'aux portes de Fez par le prétendant, Abd-el-Aziz dut se séparer précipitamment de tout son entourage européen, dont le caïd Mac-Lean et M. Harris [1]. Les Anglais étaient chassés par les troubles au lieu d'en tirer profit. Tout l'édifice s'écroulait. L'Angleterre n'eut même pas la satisfaction d'occuper l'îlot de Pérégil, à propos duquel elle était revenue à la charge en 1902 : l'ouverture de la crise mit fin aux pourparlers.

Et cependant, autour d'elle, les politiques étrangères s'affirmaient, les intérêts et les prétentions grossissaient, et il devenait de plus en plus difficile à ses diplomates d'escamoter la question à leur profit. Désespérant alors d'y réussir, elle changea brusquement d'attitude, et orienta sa politique marocaine dans une autre direction. Elle s'attacha à deux choses: la liberté commerciale et la neutralité du détroit. Toutes ses ambitions se bornèrent là. Or, comme c'était la France qui était la plus naturellement désignée à prendre sa place de puissance prépondérante, d'hériter de son influence,

[1] M. Harris tomba entre les mains des gens du brigand Erraissouli, qui ne lui pardonnaient pas ses relations avec le Sultan, et qui le tinrent longtemps prisonnier.

tant par sa situation spéciale que par son passé, elle mit tout en œuvre pour arriver à un accord avec elle. Il faut ajouter qu'elle trouvait conforme à son intérêt de cesser avec elle la politique de coups d'épingle en matière coloniale ; qu'elle avait un intérêt direct à régler définitivement la question d'Egypte, tandis qu'au Maroc, Tanger seul l'intéressait ; enfin qu'elle ne pouvait que gagner à l'œuvre française de civilisation au Maroc, sans bourse délier et sans perdre un seul homme. S'étant rendu compte de la difficulté de cette œuvre de civilisation, peut-être y avait-il chez elle le secret espoir de laisser les embarras aux autres pour ne récolter que les bénéfices. Toujours est-il qu'il y eut changement à vue. La presse anglaise, si habituée jadis à suspecter nos moindres actes sur la frontière algérienne, commença une campagne favorable à la France, et se fit l'auxiliaire de notre action au Maroc. Elle n'hésita pas à déclarer la France comme future tutrice de l'Empire chérifien, comme sa protectrice inévitable. Si Tanger est neutralisé, et que notre liberté de commerce soit absolue, s'écriaient *Le Spectator*, *Le Standard, Le Manchester Guardian, Le West african Mail*, il n'y pas de raison de faire obstacle à l'expansion française [1]. La signa-

[1] Nous ne désirons ni gouverner, ni même protéger les Maures. Ce qui intéresse les négociants anglais, c'est de

ture d'un traité d'arbitrage (octobre 1903), la visite à Paris des commerçants anglais créaient de plus en plus un milieu favorable pour le rapprochement. L'approbation des milieux officiels fut désormais chose certaine en décembre suivant. Lord Lansdowne, en assurant à des commerçants anglais l'égalité commerciale dans l'avenir comme dans le temps présent, malgré le développement de notre influence, reconnaissait implicitement notre prépondérance au Maroc. L'Angleterre s'effaçait devant nous. La question du Maroc évoluait.

La conclusion de l'accord du 8 avril 1904 entre les deux nations ne fut donc une surprise pour personne. Le consentement de la France était acquis d'avance. Il y avait plus de cinq ans que notre diplomatie cherchait toutes les occasions favorables pour arriver à cet accord. Ce fut la politique personnelle de M. Delcassé, de faire oublier aux Anglais notre résistance en Egypte, en échange de notre liberté d'action au Maroc. « On avait l'impression que si nous n'établissions pas notre influence au Maroc, d'autres y établiraient la leur, et qu'il en résulterait un grand danger pour notre domination dans l'Afrique du Nord. De même que nous étions en Egypte la seule puissance qui fit

savoir dans quelle mesure nous permettrons à l'influence française de s'exercer activement. *Le Standard* nov. 1903).

sérieusement obstacle à l'Angleterre, celle-ci était au Maroc la seule rivale sérieuse que nous eussions à craindre. Il était dans la logique de la situation que l'Angleterre nous reconnût au Maroc la situation que nous lui reconnaissions en Egypte [1]. » Il y a donc, dans le texte de l'accord, un parallélisme voulu entre les deux questions. Nous nous engagions à ne pas changer l'état politique du Maroc, mais l'Angleterre promettait de ne pas entraver l'action de la France : elle nous y laissait carte blanche. Nous prenions l'engagement de maintenir la liberté commerciale pendant une période de 30 années, d'y permettre le commerce de transit, le cabotage, à charge pour les Anglais de nous accorder la même chose en Egypte. Comme contre-partie à la neutralité du canal de Suez, les co-contractants s'engageaient à ne pas laisser élever de fortifications entre Mélilla et la rive droite du Sébou, c'est-à-dire sur toute la côte septentrionale du Maroc. Il n'était pas fait mention des autres puissances : cependant, d'après l'art. 8, le gouvernement français devait se concerter avec le gouvernement espagnol « sur les intérêts que l'Espagne tient de sa disposition géographique, et de ses possessions territoriales sur la côte marocaine. »

Cet accord était une véritable liquidation. Il

[1] Revue Politique et Parlementaire, 10 mai 1904.

témoignait d'un bon vouloir réciproque d'écarter délibérément tout sujet de conflit. Dans la forme, il y avait une absolue réciprocité de termes. Reste à savoir si elle était dans les choses. Or, si l'idée première de cet arrangement était excellente, il semble bien maintenant que c'était l'Angleterre qui en tirait le plus de profit. En voici les principales raisons :

A. L'Angleterre occupait l'Egypte sans aucune réserve, tandis que la France ne devait pas changer l'état politique du Maroc (art. 1er). Elle devait simplement lui prêter son assistance pour les réformes militaires dont il a besoin (art. 2) : notre droit à l'occupation n'était pas nettement reconnu, ce qui laissait place à l'équivoque et à la discussion. « S'agissait-il de ne point faire peur aux puissances européennes ? On ne l'a pas craint pour l'Egypte, qui cependant commande le canal de Suez [1]. »

Il ne faut pas oublier du reste que la Grande-Bretagne occupe l'Egypte *de fait*, tandis que nous ne sommes encore qu'aux portes du Maroc.

B. L'Angleterre se réservait le droit d'agir seule en Egypte. La France, au contraire, devait compter

[1] *Le Correspondant*, 10 août 1904 (Marcel Dubois).

officiellement avec l'Espagne (art. 8). N'était-ce pas un acheminement vers un véritable condominium ?

C. Les autres puissances étant exclues de l'arrangement restaient libres d'avoir telle attitude que bon leur semblait vis-à-vis du Sultan du Maroc. Et précisément, c'est l'argument dont l'Allemagne s'est prévalue lors de son entrée en scène. L'accord franco-anglais n'était à ses yeux, disait-elle, qu'une *res inter alios acta*.

D. Enfin, de nombreux économistes ont signalé le péril des articles qui traitent du transit et du droit de cabotage. Le commerce français n'a rien à gagner au transit en Egypte, pas plus qu'à la concession du droit de cabotage dont il n'a que faire. Au contraire, le transit au Maroc permettra à l'Angleterre d'inonder l'Algérie de ses produits. « Les commerçants anglais pourront pénétrer directement dans les colonies françaises, en économisant des frais de transport qui constituent notre seul avantage vis-à-vis d'eux, sans parler de la fraude que le transit favorisera toujours.... Ceci est une grande victoire pour l'Angleterre qui s'infiltrera de plus en plus dans nos possessions. Cette clause, en apparence inoffensive, peut avoir des conséquences imprévues [1]. » D'autre

[1] M. Méline, *La République Française*, 14 avril 1904.

part, la concession du cabotage au Maroc, entre les mains d'une puissance comme l'Angleterre, peut devenir quelque chose de très grave, si nous n'y prêtons pas attention, car « qui est maître du cabotage, est maître du marché intérieur, parce que les ports déterminent une irrésistible attraction [1] ».

En somme, « si l'on compare le présent de l'Egypte à l'avenir du Maroc [2] », l'accord du 8 avril était plus avantageux pour l'Angleterre que pour nous. Il causa une grande satisfaction en Angleterre, où il fut favorablement commenté. A la Chambre des Lords et à la Chambre des Communes, on l'adopta à l'unanimité, et des félicitations furent votées au gouvernement. Le seul point qui ait été critiqué, fut le paragraphe qui limite le temps pendant lequel le commerce anglais sera sauvegardé au Maroc. Est-ce qu'on traitera l'Angleterre, disait-on, les 30 ans stipulés une fois révolus, comme on la traite dans certaines colonies françaises ? Ce n'est pas ce que la France pouvait gagner à l'accord, mais seulement ce qu'il adviendrait du commerce britannique, qui émouvait l'opinion publique.

Ainsi, de son propre mouvement, l'Angleterre renonçait à toute politique active au Maroc. Pendant bien des années, l'histoire diplomatique de ce der-

[1] M. Marcel Dubois *Le Correspondant*, 10 août 1904.
[2] M. Marcel Dubois *Le Correspondant*, 10 août 1904.

nier pays n'avait consisté que dans un « jeu de bascule[1] incessant, neutralisation de la France par l'Angleterre, et *vice versa* ». En 1904, l'un des partenaires de ce double jeu s'effaçait, au profit de l'autre. Il est vraiment regrettable que cette entente ait été si tardive. Outre que de nombreuses difficultés nous eussent été évitées, et de cruelles humiliations épargnées, le Maroc serait à l'heure actuelle un pays sinon français, du moins d'influence française. On ne peut que déplorer que nous n'ayons pas su désintéresser l'Angleterre à une époque, où l'opposition des autres puissances à l'expansion française au Maroc n'eût pas été irréductible. La Grande-Bretagne conservera l'Egypte : la France a toutes chances d'être évincée au Maroc. L'avenir nous apprendra si la journée du 8 avril 1904 n'a pas été pour nous la « Journée des Dupes » !

Quoi qu'il en soit, depuis la conclusion de l'accord, l'Angleterre n'a cessé, sans distinction de parti, de parler avec sympathie de la tâche que nous avions à mener au Maroc. « Les Anglais, disait M. Harris, assisteront avec intérêt et bienveillance à l'accomplissement de cette grande entreprise civilisatrice »[2]. On a pu croire un moment que l'Angleterre n'avait pas abandonné toute idée d'intervention dans les

[1] QUESTIONS DIPLOMATIQUES ET COLONIALES, 1er janvier 1905.
[2] *National Review*, 30 avril 1904.

affaires marocaines, en la voyant accorder sa protection au ministre disgracié du Sultan, El-Menehbi, et cela, malgré la vive opposition du Maghzen. Mais l'affaire n'eut pas de suites, et nous n'avons eu, depuis lors, qu'à nous féliciter des procédés anglais à notre égard et de l'appui donné par ses ministres au chef de notre légation. Dans les conjonctures actuelles, cet appui ne laisse pas que d'être fort précieux; mais encore une fois, pour notre avenir au Maroc, nous devons regretter de ne pas l'avoir provoqué ni obtenu plus tôt.

CHAPITRE III

La politique espagnole.
(1830-1905).

L'Espagne est la puissance qui fit la première parler d'elle au Maroc, mais cette avance ne la servit en rien, si ce n'est à lui attirer la haine tenace des Musulmans. Les siècles n'ont pas amélioré ses relations difficiles avec l'Empire des Chérifs, et nous retrouvons aujourd'hui les deux peuples plus acharnés que jamais l'un contre l'autre. Il semble que la Croix ait toujours sa revanche à prendre sur le Croissant. L'Espagne est entrainée au Maroc par une poussée irrésistible : elle dit que c'est son bien, son apanage personnel, presque une de ses provinces. Il n'y a donc rien d'étonnant à ce que les relations entre deux pays animés de tels sentiments aient été, au cours de notre période, rien moins que pacifiques. Ce ne fut guère qu'à la suite de conflits, que les chargés d'affaires espagnols se rencontrèrent avec les membres ou les émissaires du Maghzen. On vit très souvent à la cour du Sultan les ministres marocains de l'Angleterre, de la France, de l'Allemagne même, rarement ceux de l'Espagne. Les représentants de cette nation au Maroc — quand il y en avait — restaient prudemment à Tanger.

En dépit de cette singulière animosité, l'Espagne n'en a pas moins eu une politique marocaine bien nette, sinon efficace, et elle a toujours suivi d'un œil jaloux les efforts de ses rivales pour s'y assurer des avantages et une situation favorable. Veiller à l'intégrité du pays, en attendant l'occasion propice d'agir pour son propre compte, telle est la formule de sa politique au cours du siècle dernier.

C'est surtout la France qui lui porta ombrage. Elle fut longtemps à s'apercevoir quelle était sa véritable adversaire, de quel côté se trouvait son véritable intérêt. En suspectant la France, et en suivant bénévolement les avis de l'Angleterre, elle joua en maintes occasions un rôle de dupe, qu'elle n'est pas sans regretter aujourd'hui.

Du jour de notre installation en Algérie, elle nous considéra avec méfiance, et nous surveilla attentivement. Sans aller jusqu'à contrarier notre action, comme le faisait l'Angleterre, elle se tint sur ses gardes et chercha à profiter du moindre incident. Ainsi, voyant l'indécision du gouvernement français à occuper les îles Zaffarines, elle se hâta d'y envoyer le commandant Franscisco Santo, qui y construisit des ouvrages et y installa des troupes (janvier 1848). Cependant, la France faisait preuve vis-à-vis d'elle d'une bienveillance extraordinaire : elle se désintéressait presque en sa faveur de la question du Maroc. Napoléon III disait même que le Maroc devait être attribué à l'Espagne, et il manifesta, chaque fois qu'il le put, son opinion personnelle, en affirmant que la France n'entendait porter aucune atteinte à l'Empire des Chérifs.

Ainsi, quand nous nous vîmes, en 1859, dans l'obligation de châtier des tribus pillardes sur les frontières marocaines, le gouvernement de Napoléon fit paraître dans le *Moniteur Universel* une note qui disait en substance « que le but des opérations militaires n'était point une extension territoriale, mais qu'il s'agissait seulement d'infliger une punition sévère et décisive aux tribus marocaines qui avaient fait des incursions dans les cercles de Lalla-Marnia et de Nemours [1] ». Il encouragea même l'expédition des Espagnols, en 1860, et leur laissa une entière liberté d'action.

De 1830 à 1860, les relations hispano-marocaines avaient été constamment troublées. En 1844, à la

[1] Cité par Rouard de Card, *La France et les autres nations latines en Afrique*.

suite d'actes d'hostilité incessants contre les présides et les navires espagnols, la rupture des relations diplomatiques était même imminente. La guerre ne fut évitée que grâce à la modération du gouvernement espagnol. Sir Drummond Hay joua en cette occasion le rôle de médiateur, mais comme il était aussi fermement décidé que le plénipotentiaire marocain lui-même à ne rien accorder à l'Espagne, les satisfactions que cette puissance obtint par l'accord du 25 août 1844 furent absolument dérisoires. « Le Sultan devait donner des ordres aux tribus limitrophes de Mélilla, d'Alhucemas, du Pènon de Velez, afin que désormais elles se conduisissent d'une façon convenable envers les gens habitant les Présides, et envers les navires s'approchant des côtes[1]. » Ce n'était que le commencement des duperies anglaises.

Un peu plus tard, en même temps qu'il occupait les îles Zaffarines, le gouvernement espagnol cherchait à prendre possession de Pérégil, en prétendant que géographiquement cette île était une dépendance de Ceuta, et que, dès lors, elle avait été acquise par l'Espagne en même temps que cette ville. Mais l'Angleterre fit encore échouer les négociations engagées à ce sujet.

[1] Rouard de Card, *Les Relations de l'Espagne et du Maroc pendant le* XVIIIe et *le* XIXe *siècles*, p. 60.

Après l'accord de 1844, malgré les exhortations (1) du Maghzen aux Riffains, les agressions contre les places espagnoles et les pillages d'embarcations recommencèrent de plus belle. « Les Guelaya avaient établi trois petits canons qu'ils tenaient constamment braqués sur Mélilla. Les jours de fêtes, en manière de réjouissance, ils envoyaient dans la place espagnole quelques boulets, qui faisaient des dégâts et blessaient des habitants [1]. » En présence de ces insultes et vexations continuelles, le gouvernement espagnol demanda et obtint l'extension des limites de Mélilla et la protection des présides mineurs (convention du 21 août 1859). Rien n'était spécifié pour Ceuta : on pensait que c'était inutile, les tribus de la région étant moins turbulentes que les sauvages habitants du Riff. C'est pourtant à Ceuta que les agressions marocaines se multipliant, rendirent intolérable la position des Espagnols. Des Kabyles de la région d'Andjera poussèrent l'audace jusqu'à renverser les bornes-frontières, au cours de leurs déprédations aux environs de la place. Une telle insulte au drapeau espagnol demandait une réparation immédiate.

Le nouveau Sultan, Sidi-Mohammed, désirait vivre en bonne intelligence avec les Européens, mais son

[1] Rouard de Card, *Les Relations de l'Espagne et du Maroc. pendant le* XVIIIe *et le* XIXe *siècles*, p. 65.

ministre, El-Khétif, ancien épicier de Tétouan, enrichi à Gibraltar et à Gênes, répondit d'une manière évasive à la note espagnole, et fit traîner l'affaire en longueur. A la fin de l'année 1859, les Espagnols, à bout de patience, déclarèrent la guerre au Sultan. Mais, avant même l'ouverture des hostilités, l'Angleterre intervenait et se faisait remettre par le gouvernement de la reine Isabelle une déclaration par écrit, portant que si, dans le cours des hostilités, les troupes espagnoles venaient à occuper Tanger, cette occupation ne serait que temporaire. Elle émettait même la prétention d'empêcher l'Espagne d'étendre la zone territoriale qui entoure Ceuta, sous prétexte que l'occupation permanente d'une pareille position pour l'Espagne lui permettrait de commander le passage du détroit.

Le cabinet de Madrid eut la bonhomie de céder (31 octobre 1859) pour avoir la satisfaction d'écarter toute immixtion étrangère au cours de l'expédition. 40.000 hommes sous les ordres du maréchal O'Donnell furent réunis à Algésiras, et débarquèrent, du 19 novembre au 12 décembre, devant Ceuta. La campagne présentait de grandes difficultés. Sur cette côte, le Maroc est protégé par des montagnes couvertes de rochers à pic, et coupées de gorges profondes. O'Donnell résolut donc de marcher sur Tétuan, en suivant la côte de la Méditerranée, ce qui lui permettait de rester en communication avec la métropole. La route était singulièrement difficile : il fallait, à travers bois et rochers, créer de toutes pièces un chemin pour l'artillerie. De plus, le choléra vint à sévir dans l'armée, et enleva dix mille hommes. Cependant, les Espagnols marchèrent de succès en succès. Le 1er janvier 1860, ils battirent l'armée marocaine dans la vallée de Castillejos. Le 14 janvier, les opérations contre Tétuan commençaient : le 4 février, la ville était à leur merci, O'Donnell marchait déjà sur Tanger, quand il fut arrêté par des propositions de paix. Mais les Espagnols voulurent Tétuan, et les Marocains restèrent intraitables. La guerre recommença donc en mars. L'armée du Sultan fut encore culbutée dans plusieurs rencontres, et le 23 mars, mise complètement en déroute dans la vallée du Gualdras. Le lendemain, le frère du Sultan, Moulay-el-Abbas, demandait à nouveau la paix, et le 25, un armistice était signé. L'Espagne victorieuse aurait pu demander des compensations territoriales légitimes, et ne pas se contenter d'une simple indemnité pécuniaire. Mais elle fut aussi chevaleresque que la France en 1845, et par le traité du Gualdras (ou de l'Ouad-Ras), qui fut signé le 26 avril suivant, elle n'obtenait que la reconnaissance de ses droits sur Ceuta et ses environs jusqu'au ravin d'Andjera, la cession de

Santa-Cruz de la Mar-Pequêna, et le paiement d'une indemnité de 100 millions. C'était là un résultat chétif. Il y avait bien dans le traité des clauses assurant au commerce espagnol le traitement de la nation la plus favorisée, permettant au représentant espagnol au Maroc de résider où bon lui semblait (le siège des légations était obligatoirement Tanger), et autorisant l'établissement à Fez d'une maison de missionnaires, mais elles n'avaient qu'une importance toute relative et restèrent à peu près lettre morte.

Malgré ce qu'un tel traité pouvait avoir d'humiliant, en comparaison des succès obtenus, le gouvernement espagnol montra beaucoup de sagesse en s'arrêtant à cette paix de Tétuan. Le maréchal O'Donnell avait été fort surpris de certaines manœuvres des Marocains qui décelaient la présence d'étrangers dans leurs rangs. D'autre part, l'évacuation de Tanger eût été nécessaire. Enfin, les finances espagnoles ne permettaient pas qu'en s'enfonçant dans l'intérieur des terres, on se lançât dans une campagne sans fin, c'est-à-dire dans l'inconnu.

C'était en réalité la diplomatie anglaise qui triomphait au traité de l'Ouad-Ras. Elle s'était jouée de la France et de l'Espagne, de la France en l'empêchant d'intervenir, et de l'Espagne en lui faisant signer un traité peu en rapport avec les sacrifices qu'elle avait faits. Il faut mentionner également que pour payer l'indemnité de guerre un emprunt de 426.000 livres sterling fut conclu à Londres en 1861; les Anglais obtenaient comme garantie la moitié des droits de douane. (Conventions du 24 octobre 1861 et 18 janvier 1862). La collaboration des deux puissances latines eût cependant été fructueuse; elles tenaient les destinées du Maroc entre leurs mains, et il ne dépendait que d'elles de résoudre la question d'un commun accord. En donnant satisfaction à l'Angleterre sur ce qui lui tenait le plus à cœur, c'est-à-dire sur le détroit, elles pouvaient en finir d'un seul coup avec la question du Maroc. Les autres puissances ne comptaient pas.

Malheureusement, les cabinets de Paris et de Madrid ne surent pas le comprendre. Le premier ne sut pas faire les avances nécessaires, et l'autre se figea dans une attitude de suspicion.

L'exécution du traité fut laborieuse. Sir Drummond Hay apprit d'abord au Sultan à en éluder quelques clauses. Puis, les 100 millions de pesetas furent assez longs à rentrer dans les caisses espagnoles; en 1885, il y avait encore, dans chaque port, un agent espagnol chargé de percevoir la moitié des recettes de la douane, jusqu'à paiement intégral de l'indemnité. Enfin, la cession de Santa-Cruz donna lieu à toute une série de recherches qui furent près de vingt ans sans aboutir! Ce n'est qu'en 1878 qu'une commission hispano-marocaine fut nommée pour déterminer exactement l'emplacement du territoire concédé. Le gouvernement marocain, avant de s'y résoudre, avait plusieurs fois offert à l'Espagne d'échanger Santa-Cruz contre une indemnité, puis contre un petit territoire à proximité de Gibraltar, mais il fut obligé d'y renoncer par suite des observations des consuls de France et d'Angleterre. La commission reconnut l'emplacement qu'occupait Santa-Cruz au xve siècle, mais les membres espagnols de la commission lui trouvèrent une si piètre apparence, qu'ils lui préférèrent le port voisin d'Ifni. Le gouvernement marocain céda à cette prétention sans trop de difficultés, et, le 21 janvier 1878, un acte était dressé, en vertu duquel les commissaires déclaraient que la rade choisie correspondait à l'ancienne possession espagnole. Les journaux de la péninsule applaudirent à ce succès, et exprimèrent l'espoir que le nouvel établissement deviendrait le rival de la ville voisine de Mogador [1].

Au lendemain de 1860, ce fut l'influence anglaise, et non l'influence espagnole, comme on pourrait le croire, qui prédomina au Maroc. En dehors de l'exécution de son traité, l'Espagne eut à Tanger un rôle plutôt effacé. Cependant, elle participa à la

[1] Ifni ne fut réellement occupé qu'en 1900.

convention conclue le 31 mai 1865 entre les puissances et le Sultan, concernant l'administration et l'entretien du phare du cap Spartel. Elle nous témoignait toujours une défiance invincible et ses journaux tenaient l'opinion publique en éveil sur nos intentions et notre prétendue activité sur la frontière algérienne. Vers 1880, l'Espagne chercha à combattre l'influence étrangère, mais surtout la nôtre, en essayant de faire restreindre le droit de protection diplomatique et consulaire que nous exercions depuis le traité de 1767. Elle voulait faire supprimer les censaux, qu'elle jugeait inutiles pour elle, et dont au contraire la France ne pouvait se passer pour son commerce, notamment pour ses achats de laines. Sur son instigation, et peut-être aussi sur celle de l'Angleterre, le Sultan réclama, par l'intermédiaire de son ministre des affaires étrangères, Si Mohammed Bargach, une réglementation plus restrictive de ce droit de protection. Ses propositions furent d'abord soumises aux ministres des puissances dans une conférence tenue à Tanger en 1879 : quelques-unes furent acceptées, et d'autres réservées. Ces dernières furent examinées à Madrid en 1880, dans une nouvelle conférence provoquée par l'Espagne [1]. Son initiative fut vaine, car, par la convention du

[1] Cette conférence fut présidée par M. Canovas del Castillo.

3 juillet 1880, rien n'était changé à la situation des censaux.

Puis, après avoir paru d'accord avec la France sous le ministère Canovas pour maintenir le *statu quo*, elle revint à la charge en 1886 avec M. Sagasta; les journaux de Madrid firent tous leurs efforts pour soulever un débat sur le Maroc et amener la réunion d'une autre conférence. La joie de la presse anglaise à reproduire ces défiances, prouvait combien on redoutait à Londres un rapprochement entre la France et l'Espagne, amenant rapidement le règlement des affaires marocaines. Cependant, des envois de canons étaient faits aux présides, et le ministre espagnol des affaires étrangères déclarait qu'il ne perdait pas de vue les agissements des puissances. Enfin, au mois d'octobre 1887, le gouvernement espagnol fit nettement allusion, auprès des divers cabinets, à la réunion possible d'une nouvelle conférence, qui aurait revisé l'acte de Madrid. Mais il se heurta partout à une fin de non-recevoir catégorique.

A la même époque, Madrid reçut la visite d'une ambassade marocaine venue pour liquider définitivement l'affaire de Santa-Cruz, et on parla d'envoyer en retour à Fez une imposante ambassade espagnole. Mais si les rapports entre les deux gouvernements devenaient courtois, il n'en était pas de même de ceux des Espagnols habitant les Présides avec les sujets du Sultan. En 1885 et 1888, de nouveaux attentats furent commis à Mélilla, qui motivèrent, bon gré mal gré, des remontrances diplomatiques. Par la convention du 24 août 1859 le Sultan s'était en effet engagé à défendre les Espagnols contre les attaques des Maures, et un caïd avait été spécialement chargé de leur protection. Mais le caïd n'avait réussi dans cette tâche qu'en s'assurant le concours d'un certain El Mokator, très influent parmi les Kabyles. Son successeur prétendit ignorer ce personnage, et les attaques riffaines reprirent aussitôt. En juillet 1890, un détachement de cavalerie de Mélilla ayant subi un véritable assaut, le Sultan fut obligé de verser 60.000 fr. pour cette affaire, et il fut convenu qu'on procéderait encore à une délimitation exacte des frontières hispano-marocaines. Le 5 mars 1891, la commission de délimitation, ayant à sa tête le général commandant d'armes de Mélilla, sortait de la place, mais les Riffains, croyant qu'on allait leur enlever des terres qu'ils considéraient comme leur appartenant, firent une telle obstruction, que la commission dut rentrer sans avoir rien fait, à la grande satisfaction du représentant marocain. Mais les journaux de la péninsule, furieux, demandèrent l'envoi d'une expédition.

L'occasion s'en présenta bientôt. Depuis le traité de l'Ouad-Ras, le gouvernement espagnol avait élevé dans la plaine de Mélilla divers ouvrages de fortifications pour mettre la ville à l'abri d'un coup de main. Deux forts étaient terminés, et le génie commençait les travaux d'un troisième. Mais la nouvelle construction devait dominer un cimetière et une mosquée, et les Kabyles, estimant que l'exercice de leur religion serait entravé par la présence des Roumis, n'eurent rien de plus pressé que de détruire les premiers travaux et de niveler le terrain. Le général Margallo, gouverneur de Mélilla, fit surveiller les chantiers par des compagnies de disciplinaires, et tout alla bien pendant quelque temps. Mais le 2 octobre 1893, les soldats du génie, qui venaient de recommencer les travaux, furent assaillis tout à coup par une masse considérable de Kabyles. La petite garnison de Mélilla vint les dégager, mais elle fut obligée de battre en retraite à son tour, après un combat acharné, en laissant des morts sur le terrain. Ces nouvelles furent accueillies en Espagne par une formidable explosion de colère. L'opinion publique s'enflamma, et le cri de : « Guerre aux Maures » retentit à nouveau. M. Sagasta, président du Conseil, aurait bien voulu donner à l'affaire une solution amiable, mais il fut obligé de suivre le courant général : des crédits illimités furent ouverts au Ministère de la Guerre. Mais il fallut un nouvel échec pour décider les Espagnols à une action énergique : le maréchal Martinez Campos, un des chefs le plus en vue de l'armée, fut envoyé à Mélilla avec 20.000 hommes Les Riffains, effrayés, se soumirent presque sans résistance, et le 28 février 1894, un traité de paix était signé à Marrakech entre Moulay-Araf, frère du Sultan, et le chef de l'armée espagnole. Le Sultan promettait le châtiment des auteurs de l'agression de Mélilla, et s'engageait à payer une indemnité de 20 millions de pesetas. La zone neutre de 500 mètres, créée en 1859 entre les frontières espagnole et marocaine à Mélilla, devait être rendue effective : il n'était pas permis d'y faire paître des troupeaux, d'y cultiver des terres ; aucune force militaire de l'une ou de l'autre nation ne devait y pénétrer, mais leurs sujets pouvaient y passer sans armes. La mosquée qui fut la cause de l'agression mauresque devait être isolée par de hautes murailles, et une garnison de 400 hommes, entretenue par le Sultan, devait veiller à la sécurité des frontières. Enfin, il devait être créé des consulats espagnols à Fez et à Marrakech. Cette dernière clause rappelle celle du traité de l'Ouad-Ras, autorisant le représentant espagnol au Maroc à résider où bon lui semblait : comme pour elle, son application devait rester douteuse.

L'Angleterre avait été satisfaite de voir le Sultan probablement obligé d'emprunter pour payer. Mais grâce aux bons offices du comte d'Aubigny, ministre de France, les calculs anglais furent déjoués, et on donna au Maghzen le temps nécessaire, pour qu'il pût se libérer sans le concours de la Grande-Bretagne. Celle-ci réussit toutefois à écarter la juridiction d'un gouverneur espagnol sur la région du Riff, avantage que l'Espagne aurait pu se ménager, avec un peu plus de persévérance. Les satisfactions dont elle se contentait étaient encore insuffisantes. « On réglait simplement, avec des voisins turbulents, un vieux procès de mur mitoyen, dont l'aspect n'a pas changé depuis des siècles [1]. »

Le traité reçut cependant en Espagne un accueil plus favorable que celui de 1860, et l'opinion publique désapprouva hautement l'acte du général Fuentès, qui frappa l'ambassadeur marocain venu à Madrid pour en conférer avec le gouvernement. Des excuses furent faites au Sultan, et cet incident rendit l'Espagne moins exigeante dans les négociations qui suivirent. Ainsi, l'indemnité de guerre fut réduite de 20 à 16 millions de pesetas. Les délais de paiement et de châtiment des coupables étaient pro-

[1] REVUE POLITIQUE ET PARLEMENTAIRE. Nov. 1901 (M. René Millet.)

rogés (Convention additionnelle du 21 février 1895.)

Quelques années auparavant, l'Espagne avait adhéré à l'accord intervenu entre la France et l'Angleterre, le 29 janvier 1892, concernant le sémaphore du cap Spartel. Par suite, son représentant au Maroc obtenait le droit d'inspecter le sémaphore, de recevoir le rapport annuel présenté par le bureau du Lloyd, d'en examiner les règlements, d'en demander la fermeture, enfin d'être prévenu en cas de naufrage ou d'accident d'un navire espagnol.

Au cours de ses dernières négociations avec le Maroc, l'Espagne s'était rendue compte des intrigues de l'Angleterre pour entraver son action. Persuadée enfin que l'alliance anglaise, qu'elle pratiquait depuis si longtemps, n'était qu'un leurre, qu'une duperie, qu'elle avait fait sans s'en douter le jeu de l'Angleterre au détriment de ses intérêts propres, elle se tourna vers la seule puissance qu'elle eût toujours suspectée, vers la France. Quelques journaux de Madrid commencèrent à imprimer que si l'Espagne ne voulait pas être évincée lors d'un partage éventuel du Maroc, il lui fallait se rapprocher de la France. Dans les milieux politiques, on envisageait très sérieusement cette éventualité. M. Silvela se déclarait résolument pour l'entente, en vue d'une action commune au Maroc, par des moyens rapides et violents, par la conquête. Et M. Ribera ajoutait dans la *Revista de Aragon*, en décembre 1901, les considérations suivantes qui méritent d'être citées :

« J'approuve M. Silvela. Toutes les nations prises d'un violent désir d'expansion coloniale accourront à la curée, bien qu'elles n'aient pas un intérêt égal ; les moins intéressantes, afin d'avoir des compensations...... L'Allemagne, qui montre clairement son désir de faire son profit des débris de l'Empire turc, ne manquera pas de se mêler à des affaires qui pourraient lui être utiles de façon quelconque. Deux puissances interviendront au Maroc directement, l'Angleterre et la France. Avec qui devons-nous marcher ? L'Angleterre, une fois Tanger accaparé, nous laissera nous débrouiller seuls. Je ne vois donc pas d'autre solution du conflit, s'il devient inévitable, que de nous entendre avec la France. L'amitié de cette nation nous est fort utile chez nous et au dehors.

« On ne peut faire la conquête, même si elle était facile, sans l'amitié de la France, qui tient entre ses mains la frontière marocaine par l'Algérie, base naturelle d'opérations offensives et défensives, faciles et importantes, et source d'influence morale très grande. De plus, nous ne pouvons tenir la France comme notre ennemie, à cause de sa proximité avec l'Espagne, de sa supériorité de civilisation, de son prestige, et aussi de l'affinité de son caractère, de sa race et de sa langue avec les nôtres. Elle peut influencer notre vie intérieure, et il faut nous en occuper avant le Maroc. Ce serait une folie de se lancer dans des aventures en laissant en suspens la question d'amitié avec la France. »

Et l'auteur ajoute : « Mais ne peut-on craindre qu'elle abuse de notre amitié dans une action commune contre le Maroc ? Voilà le point délicat de la question. *Je crois, sans vouloir offenser les Anglais, que la France est d'un caractère plus libéral, plus généreux que l'Angleterre, et qu'il ne lui arrivera pas de nous exploiter pour en tirer les meilleurs profits.* Enfin, actuellement, en ce qui concerne la question du Maroc, l'énorme infériorité de nos moyens, comparés à ceux de la France, nous mettrait dans l'obligation de nous soumettre entièrement à elle pour obtenir un succès durable. *Les Français peuvent être très tolérants avec les Maures, tandis que nous, nous ne saurions jamais si nous devrions marcher à coups de fusil ou à coups de couteau.* Même si nous réussissions dans nos opérations militaires, nous nous verrions à la fin obligés d'avoir recours à elle pour organiser la possession du pays. Elle nous amènerait les synagogues des Juifs qu'elle protège, le Chérif d'Ouezzan et d'autres familles puissantes, les Musulmans d'Algérie qui connaissent bien le droit et les coutumes du Maroc [1]. »

De telles déclarations devaient aboutir à un accord, et peu de temps après, en effet, un protocole secret fut rédigé entre les gouvernements français et espagnol au sujet du Maroc. Malgré toutes les précautions prises, il transpira quelque chose de ces négociations. En mars et novembre 1903, des discours parlementaires aux Cortès de Madrid et à la Chambre française y firent allusion. MM. Ribot, Raiberti, Deschanel, en parlèrent à la tribune. M. Ribot posa même à ce sujet des questions précises à M. Delcassé, qui esquiva toujours la réponse. La teneur de l'accord ne fut donc connue que par des indiscrétions diplomatiques. Les deux gouvernements s'engageaient à mettre leurs forces militaires en commun pour sauvegarder leurs intérêts, et à respecter Tanger (art. 1 et 2). Le Maroc était partagé en trois zones : zone neutre (Tanger, Tétuan), zone espagnole (Fez, Méquinez), zone française (Oudjda, Marrakech, Mazagan, Mogador). Casablanca était cédé à bail à l'Allemagne. Le protocole devait être secret jusqu'au jour où, par un commun accord des deux puissances, il serait soumis à la ra-

[1] Questions diplomatiques et coloniales, 1er janv. 1902.

tification des Parlements de France et d'Espagne [1].

Ce projet de traité était l'œuvre du duc d'Almodovar, ministre des affaires étrangères du cabinet Sagasta. Mais à la chute du cabinet, survenue en 1902, M. Silvela, arrivé au pouvoir, hésita à le signer, estimant qu'un accord franco-anglais était la condition préalable et nécessaire d'un arrangement franco-espagnol. Par suite, la question resta entière, et le gouvernement français put reprendre les pourparlers, mais en s'adressant d'abord à Londres, cette fois.

L'accord franco-anglais du 8 avril 1904 reçut en Espagne un accueil plutôt confus. Beaucoup de journaux déclarèrent que leur pays était évincé du Maroc. D'autres, plus modérés, firent entendre que la question n'était pas définitivement réglée en dehors de l'Espagne. Mais le gouvernement, représenté par MM. Maura, Président au Conseil, et Rodriguez San Pedro, ministre des affaires étrangères, était toujours animé du désir sincère de s'entendre avec la France. « Oui, je sais, disait de son côté M. Silvela à un rédacteur du *Gaulois*, nos journaux se sont agités, affolés même, parce que dans la convention franco-anglaise on ne voulait voir et lire que ces deux mots : Mélilla et Ceuta. Mes compatriotes se

[1] Le Correspondant, 25 décembre 1903.

sont imaginé à tort qu'on avait l'arrière-pensée de leur enlever ces deux postes. Heureusement, la campagne de presse a cessé : je ne l'ai jamais comprise ni approuvée, *car j'avais des raisons personnelles pour être certain des bonnes dispositions de la France à notre égard.* La solution de la question marocaine n'est pas encore mûre, mais elle ne tardera pas à l'être. A ce moment, nous aurons besoin de vous, et de votre côté, vous serez certainement heureux d'être secondés par les soldats espagnols qui ont l'habitude des climats chauds, et vous rendront de grands services en Afrique [1]. »

Les négociations reprirent donc, plus actives que jamais, entre les deux gouvernements, et elles aboutirent cette fois à un accord officiel, qui porte la date du 7 octobre 1904. Le texte qui en a été publié tient tout entier dans la déclaration suivante : « Le gouvernement de la République française et le gouvernement de S. M. le Roi d'Espagne s'étant mis d'accord pour fixer l'étendue des droits et la garantie des intérêts qui résultent pour la France de ses possessions algériennes, et, pour l'Espagne, de ses possessions sur la côte du Maroc, et le gouvernement de S. M. le Roi d'Espagne ayant en conséquence donné son adhésion à la déclaration franco-anglaise du 8 avril 1904, relativement au Maroc et à

[1] *Le Gaulois*, 1er mai 1904.

l'Egypte, dont communication lui a été faite par le gouvernement de la République française, *déclarent qu'ils demeurent fermement attachés à l'intégrité de l'empire marocain sous la souveraineté du Sultan.* » Les détails de l'accord ne sont pas connus, les deux gouvernements étant convenus de les tenir secrets. Il résulte de cette déclaration amorcée par l'art. 8 de la Convention franco-anglaise du 8 avril, que nous reconnaissions les intérêts espagnols dans une sphère déterminée, qui est probablement la côte nord du Maroc. Mais quelle sorte de prépondérance accordions-nous à l'Espagne ? Puissance illimitée ou simple influence ? C'est ce qu'on ne sait pas. Si l'on s'en tient aux termes de la déclaration qui proclame l'intégrité de l'Empire chérifien, il semble que ce soit une simple influence. Au reste, l'Espagne ne pouvait se prévaloir de cet accord qu'au bout de quinze années seulement.

Il est difficile de porter un jugement sur un traité qu'on ne connaît que superficiellement. Mais, quelle que soit l'étendue des droits reconnus à l'Espagne, on ne peut pas ne pas reconnaître qu'elle n'ait été fort bien traitée, eu égard à la position réelle qu'elle occupait dans l'Empire des Chérifs. La politique française obtenait son adhésion au traité avec l'Angleterre, mais de quelles compensations ceci était-il payé ? Déjà, l'accord du 8 avril avec cette dernière puissance renfermait des clauses dangereuses pour nos intérêts. Ne les aggravait-on pas encore en traitant directement avec l'Espagne ? Au lendemain du 7 octobre, n'étions-nous pas placés en face d'un véritable condominium à trois ?

Si ce traité a été accueilli avec quelque froideur en France, il n'en a pas été de même en Espagne, et pour cause. On peut même dire qu'il a eu une bonne presse. De ce jour, date un renouveau de cordialité dans les relations des deux pays, témoin les voyages du Roi Alphonse XIII à Paris, et du Président Loubet à Madrid. Et de fait, la France s'était montrée plutôt généreuse. Elle pouvait d'autant mieux faire abstraction des fameux droits historiques de l'Espagne, que celle-ci n'était pas en mesure de les faire valoir.

Au surplus, le résultat des combats et des négociations de l'Espagne au Maroc, pendant le XIXe siècle, avait été vraiment négatif. Au point de vue territorial, elle n'occupait que les îles Zaffarines, et ne réussissait pas à augmenter l'importance de ses Présides d'autrefois. « Comme un navire de guerre, le préside ne produit rien, que des coups de canon [1]. » Au point de vue commercial, elle se laissait devancer par trois puissances, malgré les facilités que lui donnaient les ports de Mélilla et Ceuta. Au point de vue moral,

[1] Bull. Comité Afrique française, novembre 1904.

malgré ses missionnaires, ses écoles, la propagation de sa langue et l'usage de sa monnaie, elle ne s'attirait, pas plus qu'avant, les sympathies des populations, et elle leur restait tout à fait étrangère.

Ne pouvait-on pas dire alors « que le Maroc avait plus de droits historiques sur l'Espagne, que l'Espagne sur le Maroc, puisque des Musulmans ont conquis et civilisé la péninsule ibérique, et que les chrétiens ne leur ont pas rendu la pareille [1] ? »

En définitive, « nous n'estimons pas suffisants les droits de l'Espagne pour justifier les prétentions excessives que les publicistes et les diplomates de la péninsule veulent faire reconnaître par la France, lors du règlement définitif de la question marocaine [2] ». La France n'a probablement que trop donné déjà. Il est vrai que les concessions faites par elle seront peut-être sans effet, la prochaine Conférence internationale devant tout remettre en question.

[1] Bull. Comité Afrique française, novembre 1904.

[2] Rouard de Card, *Relations de l'Espagne et du Maroc au cours des XVIIIe et XIXe siècles*, page 169.

CHAPITRE IV

La politique italienne.
(1884-1905)

L'Italie a toujours été au second plan au Maroc. Elle n'y fut guère qu'un satellite de l'Allemagne ou de l'Angleterre contre la France. C'est précisément à cause de cette rivalité qu'il peut être intéressant de passer en revue les quelques efforts faits par cette puissance, pour avoir une politique marocaine.

Cette politique n'est guère qu'un épisode de la lutte franco-italienne pour l'Empire de la Méditerranée. La France est riveraine de la Méditerranée, l'Italie également, mais sur une étendue de côtes plus grande. Cet avantage géographique porte les Italiens à s'attribuer la domination de ce que les Romains appelaient « notre mer », et notamment à revendiquer la souveraineté sur les territoires de l'Afrique du Nord. Bismarck écrivait en 1866 que l'Italie et la France ne pouvaient s'associer pour leur avantage commun dans la Méditerranée, que cette mer était un héritage impossible à diviser entre parents, et qu'il appartenait aux Italiens.

L'Angleterre, de son côté, ne négligeait aucune occasion de les entretenir dans ces idées.

Les appuis intéressés que ces derniers recevaient ainsi, les encourageaient sans cesse dans leurs prétentions, et la rivalité franco-italienne se dessinait plus nettement de jour en jour.

On conçoit donc sans peine l'explosion de colère et de chauvinisme que déchaîna, en 1881, l'occupation par la France de la Tunisie, si voisine de l'Italie, et qu'elle regardait déjà presque comme son apanage. C'est ce qui contribua, plus que toute autre chose, plus même que les idées gallophobes de Crispi, à la formation de la Triple alliance. Oublieuse de l'appui que nous lui avions prêté dans sa lutte pour l'unité italienne, elle devint jusqu'en 1896 notre ennemie déclarée, et le commerce des deux nations entre elles en ressentit de graves atteintes. Ce n'est qu'à cette époque, qu'acceptant le fait accompli, et ayant à faire reconnaître ses visées sur un pays voisin de la Régence, que l'Italie se rapprocha de la France, et renonça vis-à-vis d'elle à toute manifestation d'hostilité.

Ainsi, la politique de l'Italie au Maroc ne fut qu'un corollaire de sa politique générale. C'est de la formation de la Triple-Alliance que date l'envoi d'un ministre italien à Fez. Auparavant, cette puissance méditerranéenne n'y comptait guère. Depuis l'installation de la France à Alger, on ne relève guère, dans les relations italo-marocaines, qu'un petit traité passé en 1859 entre le roi de Sardaigne et le Sultan, et assurant la sécurité des quelques Italiens résidant au Maroc. D'autre part, l'Italie avait eu un rôle tout à fait effacé à la conférence de Madrid en 1880. Mais Crispi arrivé au pouvoir, elle prétendit tenir sa place au Maroc, moins peut-être par désir d'obtenir des avantages, que pour y faire échec à la France. Cependant elle en vint peu à peu à chercher partout des compensations à son éviction de Tunis : elle rêva de devenir à son tour une puissance coloniale, et mit tout en œuvre pour arriver à ses fins. C'est ce qu'on a appelé « sa crise de mégalomanie », laquelle battait son plein vers 1895, lors de la campagne d'Abyssinie.

Les tendances nouvelles de la politique italienne furent soulignées en 1884 par l'envoi au Maroc d'une ambassade bruyante, à la tête de laquelle se trouvait M. Scovasso, ancien consul à Gibraltar. Au même moment, l'Italie profitait d'un petit incident sans gravité, pour faire une démonstration navale non moins retentissante, à seule fin d'attirer sur elle une attention quelque peu relâchée. M. Scovasso eut une attitude très habile à la cour de Moulay-

Hassan : il afficha les allures de représentant d'une puissance attachée par-dessus tout au *statu quo* marocain, et profondément désintéressée.

De tels sentiments ne pouvaient manquer d'être agréables au Sultan, et le ministre italien ne tarda pas à être fort bien en Cour. Il en profita pour aider les puissances amies : il marcha tantôt avec l'Allemagne, notamment quand il s'agissait pour elle d'installer à Fez une mission technique d'officiers, tantôt avec l'Angleterre, quand il était nécessaire de faire opposition à notre politique. Il alla même jusqu'à flatter les rancunes des éléments théocratiques du Maghreb, jusqu'à éveiller les défiances des chefs de confréries, pour exciter ceux-ci contre nous. Ce fut une vraie politique crispinienne à l'usage du Maroc. Enfin, il manœuvra si bien, qu'à sa mort, survenue en 1889, l'Italie, qui était presque ignorée quelques années auparavant, jouissait d'une certaine influence auprès du gouvernement chérifien. Une ambassade marocaine avait même été envoyée à Rome en 1886, et des fêtes grandioses avaient été données en son honneur. Le roi et ses ministres avaient eu pour les délégués marocains toutes les attentions, et ceux-ci retournèrent dans leur pays avec une haute idée de la puissance de la nation, et spécialement de la marine italiennes.

Notre voisine envoya à son tour au Maroc une

mission militaire composée d'un colonel d'artillerie, d'un major, d'un mécanicien et d'un personnel secondaire, pour soumettre au Sultan les plans d'une fabrique d'armes et d'un atelier de pyrotechnie, qu'elle se promettait d'édifier en pleine ville de Fez. Le Sultan, croyant en retirer de grands avantages, donna son approbation au projet. Ce fut pour la diplomatie italienne l'occasion d'une véritable victoire sur la diplomatie française. En 1887, notre ministre, M. Féraud, avait obtenu de Moulay-Hassan l'adjonction à la mission militaire française chargée de l'instruction des troupes marocaines, d'un officier du génie, qui devait exécuter un certain nombre de travaux. Mais les puissances, dont l'Italie, firent alors une telle opposition que cet officier dut se retirer avant d'avoir rien entrepris, et l'on déclara que ses fonctions resteraient inoccupées. Quelle ne fut pas notre stupéfaction, quand nous vîmes arriver une mission italienne pour occuper la place laissée par nous!

Le Sultan ne tarda pas à regretter l'autorisation qu'il avait si bénévolement accordée : la fabrique d'armes et la cartoucherie furent pour le Trésor marocain un sujet de lourdes dépenses. Au reste, elles fonctionnèrent plutôt mal, et ne rendirent que de maigres services. Des difficultés aiguës s'élevèrent bientôt à leur occasion entre Moulay-Hassan et M. Cantagalli, qui venait de succéder à M. Scovasso, et ce fut une des causes de la défaveur du ministre italien. Ce dernier n'aimait pas cette politique qui consistait à pousser le Sultan dans la voie d'achats onéreux et répétés, au risque de le mécontenter. Sous prétexte de congé, il s'effaça donc devant le secrétaire-interprète de sa délégation, M. Gentile, un véritable élève de M. Scovasso, qui remit plus que jamais ces procédés en pratique. Il montra même, de concert avec le ministre anglais, M. Satow, un bel acharnement, et faillit provoquer un soulèvement populaire à Fez, tant les habitants étaient irrités de voir les ambassades étrangères se prolonger. Mais Moulay-Hassan, toujours avisé, se déroba à ses propositions, dont la principale était la livraison d'un bateau garde-côtes. A l'avènement d'Abd-el-Aziz, le chargé d'affaires italien réclama aussitôt le paiement de sommes arriérées concernant des fournitures faites à la manufacture d'armes, et de la canonnière commandée jadis à une maison de construction de navires de Livourne. Sur ces entrefaites, un petit bâtiment à voiles italien était pillé sur les côtes du Riff. L'Italie envoya aussitôt, d'une manière ostensible et tapageuse, un navire de guerre à Tanger, pour appuyer ses réclamations. Cette affaire arrivait si bien à point pour servir M. Gentile, qu'on peut se demander si les Italiens n'avaient pas mis quelque complaisance à se laisser piller par des gens toujours prêts à cette besogne. La démonstration navale fit impression sur le Maghzen, qui consentait déjà à recevoir et à payer le garde-côtes en souffrance sur les chantiers de Livourne, quand M. Gentile émit la prétention, vraiment exorbitante, d'obliger le gouvernement chérifien à entretenir sur ledit bateau un équipage et un état-major italiens! Il essuya donc un refus catégorique.

Ce fut M. Malmusi qui arriva, à la suite des événements du Sous, à convaincre le Sultan de la nécessité d'avoir un navire, pour échapper à des ennuis et à des inquiétudes, et la livraison eut enfin lieu. Mais toutes ces demandes, toutes ces réclamations ininterrompues avaient lassé le jeune Sultan, aussi peu satisfait déjà du fonctionnement de la manufacture d'armes, que son père Moulay-Hassan. Il finit par se rendre compte, malgré de nouvelles démonstrations navales, comme celle du croiseur « Umbria », à Mazagan, en 1898, de la position réelle de l'Italie en Europe, et il jugea à sa juste valeur une politique qui visait à l'entraîner sans cesse dans la voie des dépenses, et qui profitait de ses embarras pour multiplier les démarches. L'Italie eut beau jouer à la grande puissance, et se faire, comme en 1897, le porte-paroles de l'Europe en demandant la création d'une police internationale à l'usage des côtes marocaines, elle n'arriva plus à aucun résultat. Elle dut renoncer définitivement à l'espoir de s'y ménager un port, comme elle s'en était flattée un moment. Elle s'aperçut d'ailleurs qu'elle avait été jouée par sa bonne amie l'Angleterre, qui s'était servie d'elle quand il s'agissait de contrebalancer l'influence de la France, mais qui l'avait laissée parfaitement seule pour soutenir ses revendications. Au fur et à mesure que la Grande-Bretagne devenait toute-puissante à la Cour de Fez, il y avait de moins en moins de place pour la diplomatie italienne. L'Italie s'était également imaginé que cette dernière puissance l'aiderait à reprendre la Tunisie, ou tout au moins à y maintenir le régime des capitulations. Complètement déçue sur tous ces points, elle renonça à un effort qui n'avait pas duré quinze années!

Enfin, ses visées principales étaient ailleurs. La Tripolitaine était pour elle une proie facile, mais il lui fallait au préalable s'assurer le désintéressement de la France, maîtresse de la Tunisie. Un rapprochement avec elle était donc tout indiqué. Il était d'autant plus facile que les deux pays avaient conclu en 1896 un accord commercial, lequel avait mis fin à la guerre de tarifs qui paralysait leurs échanges. D'autre part, après les désastres italiens en Abyssinie, le gouvernement italien, acculé à la misère économique, au déficit budgétaire, avait été très heureux, l'Allemagne ne pouvant être le banquier de l'Italie, de trouver sur sa route les capitaux français qui ranimèrent l'industrie, l'agriculture et surtout les finances publiques.

« Nous avons unifié l'Italie, nous l'avons sauvée également d'une catastrophe financière et économique [1]. » Sa politique mégalomane lui coûtait cher. « On a évalué à trois cents millions ce qu'a coûté l'Erythrée depuis quatre ans au Trésor italien, et l'on a remarqué que ce chiffre correspond au déficit des trois derniers exercices. [2] » Il n'était donc pas surprenant, qu'après nous avoir combattu dans la lice marocaine, son gouvernement se désintéressât en notre faveur de l'Empire des Chérifs.

La France s'y prêta de fort bonne grâce. Ce fut encore M. Delcassé qui joua entre les deux nations latines le rôle de médiateur, et qui acheva de clore l'ère des malentendus. L'accord qu'il ménagea fut surtout un accord méditerranéen. Chose curieuse, cette entente se présentait sous la forme négative. Au lendemain de la convention du 21 mars 1899, entre la France et l'Angleterre, relative à la délimitation de leurs domaines africains, la France déclarait au gouvernement italien que la frontière arrêtée par les deux signataires, relativement au vilayet

[1] R. Pinon, *L'Empire de la Méditerranée*.

[2] Revue Politique et Parlementaire, janvier 1895.

de Tripoli, ne serait pas dépassée par elle. En revanche, la France recevait le désintéressement de l'Italie vis-à-vis du Maroc [1]. C'était là, comme on l'a dit [2], un contrat *do ut des* un peu boîteux, mais d'une grande signification. L'Italie, se désintéressant d'un pays où son influence était minime, et obtenant en retour un autre pays où nous aurions pu l'inquiéter, était certes la plus avantagée [3]. Mais somme toute, comme le disait encore M. Etienne, cet accord pouvait être très utile s'il n'était pas isolé, s'il n'était que la préface d'autres négociations au sujet du Maroc, s'il était le point de départ de la déclaration de nos intentions de ne souffrir qu'aucune ingérence étrangère ne s'y produisît sans notre assentiment. Or, nous avons vu que M. Delcassé, poursuivant le cours de ses négo-

[1] Cf. déclaration de M. Delcassé à la Chambre des députés (21 janvier 1902) : « Les gouvernements de France et d'Italie ont échangé des explications complètes sur tous leurs intérêts dans la Méditerranée, et constaté avec satisfaction la pleine concordance de leurs vues. »

[2] M. Etienne, Questions diplomatiques et coloniales, 15 janvier 1902.

[3] Cf. M. René Millet. « L'Italie fait au Maroc des fusils et de la politique. Les fusils ne valent pas grand'chose, mais la politique a évidemment du bon, puisque, n'ayant rien à donner, elle a réussi à échanger ce rien contre le blanc-seing de la France en Tripolitaine. » (Revue Politique et Parlementaire, 10 janvier 1903).

ciations, avait conclu, dans la seule année 1904, deux autres accords avec l'Angleterre et l'Espagne respectivement. Trois puissances nous étaient désormais acquises : il est regrettable qu'une quatrième intéressée n'ait pas été directement consultée.

C'est avec une satisfaction non déguisée que l'opinion publique italienne accueillit la nouvelle de notre désintéressement à Tripoli, et M. Prinetti, ministre des affaires étrangères, précisa bien le caractère nouveau de nos relations en disant qu'elles rendaient possibles, en toute occasion, un échange entre les deux gouvernements d'explications aussi franches que satisfaisantes au sujet de leurs intérêts respectifs dans la Méditerranée [1] ».

Depuis cette époque, la plus grande harmonie n'a cessé de régner entre les diplomaties et l'opinion des deux pays au sujet du Maroc. Le 23 novembre 1902, *La Tribuna*, parlant de troubles qui commençaient à s'y produire, et de la pression anglaise à la cour du Sultan, déclarait que « toute violation du territoire marocain créerait à l'Italie de sérieux devoirs, et d'un autre côté de sérieux droits sur la Tripolitaine [2] ». Aucune note discordante ne s'éleva lors de la conclusion des acccords franco-

[1] Questions diplomatiques et coloniales, 1er février 1902.

[2] Questions diplomatiques et coloniales, 15 décembre 1902.

anglais et franco-espagnol de 1904 : l'Italie y adhéra tacitement. La théorie de la pénétration pacifique du Maroc par la France ne rencontra non plus chez elle aucune opposition. Enfin, en dépit de ses engagements antérieurs, elle a eu et conserve encore une attitude très digne dans le conflit franco-allemand. Nous n'en voulons pour preuve que les commentaires bienveillants de la presse italienne sur le dernier Livre Jaune, et sur la déclaration de M. Rouvier du 15 décembre 1905, et la présence à Algésiras de M. Visconti-Venosta que les journaux italiens appellent « le père du renouvellement de l'amitié franco-italienne. »

CHAPITRE V

La politique allemande.
(1871-1905).

On a dit que l'Allemagne était « une de ces nations européennes qui confondent trop facilement leurs droits avec leurs désirs [1] ». Elle n'a en effet aucun intérêt direct dans la Méditerranée, si ce n'est celui de la liberté de navigation qui est commun à toutes les puissances. « Ecarté à la fois de la Méditerranée et de l'Océan, l'empire germanique apparaît comme un véritable intrus dans la question marocaine, mais comme un intrus dangereux. C'est d'ailleurs une tendance générale de l'Allemagne de s'immiscer dans des questions où elle n'a que faire, tant en Europe qu'en Afrique ou en Océanie, en vertu de la maxime *quia nominor leo*. Cependant, en ce qui concerne le Maroc, les convoitises allemandes paraissent encore plus iniques que les appétits mis en avant par

[1] A. de Ganniers, *Le Maroc*.

cette nation, relativement à des territoires inoccupés comme les Carolines et Cameroun... [1] »

Ces lignes, écrites en 1894, sont encore plus vraies aujourd'hui. Venue tard au Maroc, c'est cependant l'Allemagne qui mit le plus d'ardeur à s'y implanter. Elle veut devenir à tout prix une grande puissance maritime et coloniale, parce que grande puissance industrielle. De tous côtés son activité se manifeste, son action se fait sentir. Lors de la formation de l'empire allemand, en 1871, de nombreux territoires mondiaux se trouvaient déjà accaparés par les Européens : ceux qui étaient encore à l'état de *res nullius* commençaient à se raréfier. C'est donc avec un bel acharnement que l'Allemagne, arrivant à la curée, se mit à la conquête de pays neufs et de débouchés, et au bout de trente années d'efforts, elle parvenait à se constituer un empire colonial, qui est loin d'être négligeable. C'est au cours de cette « Drang nach osten » [2], comme disent les Allemands, que leurs hommes politiques découvrirent le Maroc : ce pays d'une bonne fertilité moyenne, bien situé, et d'une grande faiblesse politique, leur parut une proie particulièrement tentante, et ils n'eurent cesse d'arriver à s'y ménager des influences. Ils sont allés pour cela jusqu'à s'assurer l'appui des Turcs, dont ils sont les

[1] A. de Ganniers, *Le Maroc*.

[2] Littéralement : poussée vers l'Orient.

grands amis, jusqu'à essayer de rapprocher les deux Etats musulmans, jusqu'à prêcher le panislamisme ! L'Allemagne aurait voulu que la Sublime Porte envoyât un représentant permanent auprès du Sultant du Maghreb, car « un ministre ottoman à Tanger équivaudrait à deux ministres venus de Berlin » [1], mais ses tentatives n'ont pas abouti.

Pour arriver à ses fins, elle essaya alors de créer au Maroc « un réseau solide d'intérêts allemands qui aurait enveloppé peu à peu dans ses mailles le gouvernement chérifien » [2]. En subissant les conditions commerciales visées par la diplomatie allemande, le Maroc devait préparer sa soumission politique, « puisqu'il n'aurait plus été maître des richesses de son sol, c'est-à-dire des moyens de se défendre » [3]. A l'hégémonie commerciale allemande, aurait succédé un protectorat déguisé. Mais la clairvoyance et l'énergie d'autres compétiteurs vinrent annihiler cette belle conception, et l'Allemagne en fut réduite à souhaiter le maintien du *statu quo*. Ne pouvant, malgré toute l'envie qu'elle en avait, utiliser à Tanger et à Fez sa formidable machine de guerre, elle s'arrêta, en fin de compte, à l'idée d'un

[1] Capitaine Frisch, *Le Maroc*.
[2] V. Collin, *Le Maroc et les intérêts belges*.
[3] V. Collin, *Le Maroc et les intérêts belges*.

Maroc indépendant, mais soumis à un contrôle international.

Dans ses propositions aux gouvernements respectifs, de faire trancher par une conférence la question marocaine, il y avait non seulement le désir de faire échec à la France, mais encore la volonté bien arrêtée de soustraire le pays à l'influence prédominante de qui que ce fût. Puisqu'elle ne pouvait l'avoir, personne ne l'aurait ! C'était là sa petite vengeance.

Au lendemain de la guerre franco-allemande et de la proclamation de l'Empire, l'Allemagne envoya un ministre au Maroc. Avec M. Weber, les débuts furent modestes, et d'une modestie peut-être affectée : l'Empire était totalement ignoré du grand Chérif, et il fallait qu'on s'accoutumât à le voir figurer au nombre des grandes puissances représentées à Tanger. Sitôt que le contact fut pris, la diplomatie allemande commença à se montrer remuante. En 1876, deux navires de guerre, le *Nautilus* et l'*Albatros*, étaient envoyés au Maroc, et pendant qu'un officier supérieur, le lieutenant-colonel von Conring partait en mission à la cour du Chérif pour sonder ses dispositions, les deux canonnières faisaient sur le littoral marocain de l'Atlantique une excursion qui agita beaucoup l'opinion publique en Espagne. Elles examinèrent minutieusement toutes les rades et criques de la côte, avec l'intention probable d'arrêter leur choix sur la mieux abritée et la plus sûre. Mais l'Angleterre vint mettre le holà, en déclarant qu'elle chercherait sur la rive africaine une garantie pour la sécurité du détroit, dès que quelque puissance européenne songerait à envahir le Maroc; et le Sultan, averti par les diplomates anglais, dut se le tenir pour dit. Battue de ce côté, l'Allemagne chercha un autre champ libre pour ses convoitises, et, au mois de septembre 1880, elle négocia avec l'Espagne la cession du port d'Ifni, récemment attribué à cette puissance aux lieu et place de Santa-Cruz : c'était le meilleur mouillage de la côte marocaine. En même temps, le colonel et explorateur von Conring écrivait sur le Maroc un livre dans lequel il cherchait à répandre dans le public cette idée d'acquisition d'une station navale au Maroc, tenant lieu à la fois de dépôt de charbon, d'atelier de réparations, d'escale et de point d'appui. Il allait même jusqu'à préconiser sur le territoire marocain une entente entre Espagne et Allemagne contre France et Angleterre. Mais l'Espagne resta assez tiède et elle laissa entendre au Gouvernement allemand que toute cession de territoire en Afrique blesserait les opinions presque unanimes de la nation espagnole.

Les Allemands prirent vite leur parti de cette

nouvelle déconvenue. L'année suivante, ils envoyèrent à Fez, dans un but soi-disant commercial, une ambassade qui demeura légendaire à la cour de Moulay-Hassan par les maladresses de tout genre qui signalèrent son arrivée. « L'un de ses membres, officier de cavalerie, qu'on eût voulu faire accepter au Sultan comme un cavalier émérite, tomba piteusement de cheval en lui présentant une autre monture, cadeau de l'empereur Guillaume. Le lendemain, on déballa une machine à faire de la glace, deuxième présent de la cour de Berlin, et on la fit marcher devant lui. Malheureusement, au moment où S. M. chérifienne, à laquelle on avait expliqué le fonctionnement de l'appareil, s'attendait à savourer un sorbet glacé à l'européenne, la machine éclata, tuant quatre ou cinq personnes, et causant une panique générale[1]. » Ces deux exhibitions jointes à d'autres incidents analogues donnèrent à Moulay-Hassan une pauvre idée de la puissance allemande, et les ambassadeurs repartirent sans avoir obtenu autre chose que ces bonnes paroles dont les Marocains sont prodigues.

Avec une belle opiniâtreté, le gouvernement impérial revint à la charge, mais comme ses efforts isolés n'avaient abouti qu'à des échecs, et que, d'autre part, la France et l'Angleterre lui étaient

[1] A. de Ganniers, *Le Maroc*, p. 109.

suspectes à plus d'un titre, il se tourna de nouveau vers l'Espagne, en faisant miroiter à ses yeux les avantages d'une action commune.

Pour tâter l'opinion, il fit écrire par un Espagnol fixé à Oran, où depuis longtemps il servait ostensiblement les intérêts allemands, à sa *Deutsche Kolonial Zeitung*, que la base d'une intelligence sérieuse et durable entre l'Allemagne et l'Espagne pourrait être l'établissement d'une station navale allemande aux îles Zaffarines, car, de ces îles, l'Allemagne maintiendrait en équilibre les intérêts français et espagnols au Maroc, et garantirait spécialement les droits de l'Espagne. En réalité, Bismarck voulait, pour nous gêner, s'établir aux portes de l'Agérie, et se ménager, par la même occasion, une voie de pénétration sur le continent marocain par la vallée de la Moulouya.

Ces insinuations furent mal accueillies en Espagne, même par les journaux à sympathies allemandes, et quelques mois après, l'affaire des Carolines, soulevée maladroitement par le Gouvernement impérial, vint mettre le comble au mécontentement, et acheva de lui aliéner les Espagnols (1885).

C'est alors que, battue encore une fois sur le terrain diplomatique, l'Allemagne résolut de s'imposer par son commerce. Déjà, en 1880, elle n'avait signé la convention de Madrid que pour favoriser indirectement ses transactions. Sous l'influence du *Centralverein für Handelsgeographie,* et servies par son organe *der Export,* les relations commerciales prirent de l'extension. Le 2 avril 1886, arrivait à Tanger le steamer *Gottorp,* sur lequel était installée une exposition de produits allemands, et les allées et venues de ce navire provoquaient de nombreux commentaires. En 1888, la maison Krupp recevait des ordres pour plusieurs grosses pièces destinées au fort de Rabat. En 1889, des entrepreneurs allemands étaient chargés de travaux de réfection dans le port de Tanger. M. Testa, ministre d'Allemagne, déclarait de son côté, d'une manière tapageuse, que son gouvernement ne poursuivait pas d'autre but que la conclusion d'un traité de commerce, et qu'il ne nourrissait aucun projet d'agrandissement ni de conquêtes. Le bruit courait, en effet, à cette époque, que l'Allemagne se proposait de demander au Sultan de débarrasser le commerce d'exportation des entraves qui le gênaient, de permettre à ses sujets de circuler librement et de s'établir au Maroc, d'autoriser l'établissement d'agents consulaires dans les villes de l'intérieur, enfin de concéder quelques terrains miniers à des maisons de Hambourg. En 1890, le directeur du *Centralverein,* le Dr Jannasch, fondait la ligne de navigation dénommée *Atlas-Linie,* qui draina bientôt tout le commerce des ports marocains vers Hambourg et réciproquement.

Ce fut M. de Tattenbach qui, accompagné d'une suite brillante d'officiers, vint discuter et faire signer au Sultan le traité de commerce élaboré depuis plusieurs années (1er juin 1890). C'était un succès pour l'Allemagne, car la comparaison avec les traités signés antérieurement avec l'Angleterre (1856) et l'Espagne (1860), était tout à son avantage. Les Sultans s'étaient toujours réservé jusqu'alors le droit abusif de dénoncer tout ou partie des conventions, au moment où ils le jugeaient bon. Au contraire, le traité germano-marocain ne pouvait être dénoncé que d'un commun accord, et appliqué jusqu'au jour de la conclusion d'un nouveau traité. L'Allemagne obtenait la libre exportation de certaines céréales, qui, de tout temps, avait été prohibée avec la dernière rigueur. De plus, l'article 4 du traité reconnaissait aux sujets allemands la liberté d'acheter eux-mêmes ou par courtiers, sur tous les marchés les articles indiqués aux tableaux, sans qu'il fût permis de leur créer des embarras, ou de chercher à leur nuire. Cette liberté d'acheter, de vendre et de circuler librement devait faciliter singulièrement la pénétration du territoire marocain, si le Maghzen consentait à l'observer. Mais ce pouvait être là un avantage illusoire : cette clause se trouvait déjà dans le traité anglo-marocain du 8 avril 1791, et était restée lettre morte, surtout en ce qui concernait le droit d'achat de terres et de maisons.

Quoi qu'il en soit, l'importance du résultat obtenu par l'Allemagne n'était pas douteuse. Il est vrai que l'Angleterre et la France, en vertu de la clause de la nation la plus favorisée, profitaient des avantages de cette convention, et obtenaient ainsi un maximum de droits de douane de 10 0/0 *ad valorem*.

Mais les Allemands étaient arrivés enfin à se mettre en évidence, et il ne leur restait plus qu'à persévérer hardiment dans la voie qui leur avait réussi. De nouvelles lignes de navigation, la Wörmann et l'Oldenburg furent créées, et une véritable invasion de commis-voyageurs allemands s'abattit sur le pays, en même temps qu'une poussée d'études scientifiques se produisait vers le Maghreb (A. Fischer, Stumme, etc.). A la cour de Fez, un fonctionnaire de la légation d'Allemagne pressentait le Sultan sur la création au Maroc d'une grande banque d'Etat, dont les éléments auraient été puisés en Allemagne. En 1895, celle-ci échangeait en consulats de carrière ses agences consulaires de Casablanca et de Saffi. Enfin, elle se montrait très énergique et très prompte, quand il s'agissait de protéger ses nationaux. Ainsi, en novembre 1894, un sujet allemand, Franz Neumann, ayant été tué à Casablanca, M. de Tattenbach intervint d'une telle façon que toutes les satisfactions qu'il demanda lui furent immédiatement accordées. En 1895, le gouvernement impérial envoya jusqu'à quatre croiseurs dans les eaux marocaines, pour régler l'incident soulevé par l'assassinat d'un autre sujet allemand, Rockstroh, et par l'agression d'une barque hollandaise, protégée allemande. Ce déploiement de forces inusité provoqua même en Europe une certaine émotion. On crut un moment que l'Allemagne était prête à occuper Rabat, où l'un de ses ingénieurs avait établi un fort pour le compte du Sultan. De plus, les journaux allemands s'emparèrent de cet incident, et le grossirent à plaisir. Le *Journal des Débats* ayant attiré l'attention sur les graves conséquences qu'aurait l'occupation d'un port marocain, par une puissance européenne, la presse d'Outre-Rhin répondit d'un ton aigre et avec une raideur tout à fait injustifiée. L'affaire fut réglée de façon satisfaisante, mais elle laissa l'impression que l'Allemagne faisait preuve d'une nervosité peu en rapport avec la parfaite bonne volonté du Sultan, et qu'elle poursuivait quelque chose au Maroc.

Cependant l'accroissement de l'influence allemande était aussi rapide que méthodique. Leurs voyageurs de commerce s'y montraient fort actifs, et leurs commerçants s'accoutumaient à répandre parmi les indigènes de la médiocre marchandise à bon marché. Les fabricants allemands, bien renseignés sur les goûts et les habitudes de la clientèle, commençaient à déployer une fertilité d'imagination remarquable « dans la confection d'étoffes brillantes qui craquent au premier usage, et dans la fabrication de bougie qui brûle trop vite ou de sucre qui ne sucre pas. Leur succès était assuré auprès d'un client qui ne s'inquiète jamais du lendemain, et qui se résigne à la volonté de Dieu, lorsque son vêtement tombe en loques [1] ».

Pas plus que ses négociants, le gouvernement impérial ne négligeait aucune occasion de se faire valoir. Ainsi, en 1898, le baron de Schweinberg, partant en ambassade spéciale auprès du Sultan, s'embarquait à Tanger sur un puissant navire de guerre, au bruit des salves d'artillerie, avec un brillant état-major d'officiers et un groupe nombreux de commerçants et d'industriels allemands. Au même moment, le ministre de France s'embarquait modestement sur un vapeur de marchandises et sans suite. C'était une grosse erreur de notre part que l'Allemagne se gardait bien de commettre. Elle avait parfaitement compris que les questions d'apparat, de mise en scène ont une importance très grande dans les pays musulmans. Les ambassades des

[1] M. René Millet, Revue Politique et Parlementaire, 10 janvier 1903.

barons de Schweinberg (1898) et de Mentzingen (1901) furent la consécration définitive du rôle important joué par l'Allemagne à la Cour des Chérifs. De ce jour, la France et l'Angleterre furent obligées de compter avec elle, et l'Allemagne, de son côté, se tint sur ses gardes pour éviter d'être méconnue le jour de la liquidation. Et, chose curieuse, ce ne fut pas la France, mais l'Angleterre que l'Allemagne tint en suspicion. « Depuis l'époque de Frédéric le Grand et des guerres de 1813, disaient *Les Nouvelles de Hambourg* (*Hamburge Nachrichten*), en décembre 1898, nous savons la confiance qu'il faut avoir dans le désintéressement des hommes d'Etat anglais. Si notre gouvernement avait la moindre velléité de retirer les marrons du feu pour le compte de l'Angleterre, cette attitude exciterait dans notre pays l'indignation générale. » *La Post* ajoutait : « Do ut des, donnant, donnant, tel est désormais le principe dirigeant de la politique allemande, qui place par-dessus tout l'intérêt allemand. Ce n'est pas avec de belles phrases que l'Angleterre nous donnera satisfaction, tandis que, d'autre part, elle recueillerait tout le profit de cette politique. » « L'Allemagne ne se prêtera jamais à être le satellite de l'Angleterre, déclarait encore *La Germania*, et dans toutes les occasions, que cela plaise ou déplaise à l'Angleterre, elle défendra ses propres intérêts. [1] »

[1] QUESTIONS DIPLOMATIQUES ET COLONIALES, 15 janvier 1899

Vis-à-vis de la France, au contraire, la presse allemande tenait un langage nettement conciliateur. Les mêmes *Hamburge Nachrichten*, qui signalaient les inconvénients pour l'Allemagne à faire au Maroc le jeu de l'Angleterre, écrivaient en juin 1901 : « *L'Allemagne n'a aucune raison de susciter des difficultés à la France au Maroc*. La politique du prince de Bismarck a toujours visé à coopérer dans toute la mesure du possible avec la France en Afrique, et de fait nous nous sommes toujours bien entendus avec elle sur le continent noir. Nous ne voyons pas pour quelle raison nous voudrions modifier cette ligne de conduite [1]. » De même, *La Deutsche Kolonialzeitschrift* affirmait que l'entente franco-allemande en Afrique, préparée par Bismarck et Ferry, subsisterait dans l'avenir. « *En ce qui concerne la question marocaine*, ajoutait-elle, l'*Allemagne n'entravera pas non plus la marche de la France, si celle-ci se décide à trancher la question*. Evidemment, le fameux grenadier poméranien ne sera pas mis en mouvement pour les affaires de l'Atlas, mais le marchand allemand, qui a un intérêt considérable au sort du Sultanat, interviendra. *L'Allemagne voudra en tout cas s'assurer un port sur la côte atlantique du Maroc, et la France ne pourra pas bien ou ne voudra pas lui interdire* [2]. »

[1] Questions diplomatiques et coloniales, 15 juin 1901.
[2] Questions diplomatiques et coloniales, 1er août 1901.

C'était là une véritable invite au gouvernement français à continuer les traditions africaines des deux peuples, en se mettant d'accord sur la question du Maroc, et pour qui connaît la discipline de la presse allemande, il est certain que les sphères gouvernementales étaient animées des mêmes intentions. Il paraîtrait même, et « on a pu savoir par des indiscrétions diplomatiques que M. de Bulow avait fait remettre au marquis de Noailles, ambassadeur de France à Berlin, un document qui contenait : 1° la situation des intérêts allemands au Maroc ; 2° l'entrave qu'une occupation de la côte Atlantique par une seule puissance pourrait apporter en temps de guerre aux communications de l'Allemagne avec ses colonies africaines de Togo et de l'Afrique du sud ; 3° la nécessité pour le commerce germanique de disposer d'une station de charbon dans un des ports de l'ouest marocain, à Rabat, Casablanca ou Mogador...

L'Allemagne ne soulevait la question d'une station navale que dans l'hypothèse où le protectorat français serait proclamé sur l'intégralité du Maroc, et dans l'espérance lointaine qu'à la mort de François-Joseph, nous reconnaîtrions, en échange de la station navale, la prédominance de l'Allemagne à Trieste, selon les désirs des pangermanistes [1] ».

[1] Le Correspondant, 25 décembre 1903.

De quelle façon M. Delcassé répondit-il à la note de M. de Bulow? C'est ce qu'on ne sait pas, mais on peut supposer que sa réponse n'était pas entièrement conforme aux vues du gouvernement impérial, car la conversion fut brusquement interrompue.

Il eût été cependant, prudent autant qu'habile, d'accepter la main qu'on nous tendait, et, en échange des quelques satisfactions réclamées, de s'assurer le concours de l'Allemagne au moment même où nous signions avec le Sultan un accord qui était, dans la pensée de nos négociateurs, le premier jalon de notre politique de pénétration pacifique. Etant données les aspirations, d'ailleurs légitimes, de la France à devenir la première puissance marocaine, et à exercer, pour le plus grand bien de tous, une mission essentiellement civilisatrice, il était aussi nécessaire de prendre, à cet effet, les avis de l'Allemagne que ceux de l'Espagne ou de l'Angleterre. Et si notre diplomatie, au prix de lourds sacrifices, eut la sagesse de s'assurer la bienveillance de l'Angleterre, de l'Italie et de l'Espagne, on ne saurait nier qu'elle laissait son œuvre imparfaite, inachevée, en ne traitant pas directement avec l'Allemagne, c'est-à-dire en ne complétant pas le faisceau d'ententes, dont l'achèvement nous eût permis d'avoir les mains libres au Maroc. Faute de l'avoir compris, ou plutôt de l'avoir voulu, elle compromettait entièrement l'édifice qu'elle avait si laborieusement édifié, et nous engageait dans une crise dont on ne peut encore prévoir les conséquences, ni mesurer l'étendue.

En présence des dispositions peu encourageantes de la France, le ton de la presse allemande changea et les intentions des milieux officiels se modifièrent. L'Allemagne travailla désormais pour son propre compte, et elle poussa activement l'extension de ses intérêts au Maroc. Le 16 avril 1902, le premier consul d'Allemagne à Fez arrivait dans la capitale pour y faire échec à ses collègues français et anglais installés à Fez depuis quelques années. Un peu plus tard, une compagnie marocaine était fondée à Berlin, sous les auspices du Congrès colonial et sous la présidence de l'explorateur Th. Fischer, pour développer les relations entre les deux pays, et organiser des missions scientifiques. En même temps, les journaux d'Outre-Rhin cherchaient à justifier les prétentions allemandes, et à attirer l'attention de leurs compatriotes sur le Maroc. « Pourquoi, s'écriait *La Post*, l'Allemagne ne s'associerait-elle pas à l'œuvre qui doit ouvrir le Maroc à l'exploitation économique ? Ce pays mérite au plus haut degré d'être mieux connu en Allemagne. » Elle concluait en faisant pressentir que l'Allemagne, dans la question du Maroc, n'avait pas dit son dernier mot. D'autres journaux déclaraient que les plaines atlantiques du Maghreb formeraient un endroit d'émigration choisi pour l'émigration allemande qui va se perdre en Amérique. « Nulle part mieux qu'au Maroc, ajoutait le comte Pfeil, il ne m'a paru aussi clair et manifeste qu'en somme le monde ne peut appartenir en toute justice qu'aux peuples qui savent et qui peuvent exploiter la terre. Combien de paysans allemands pourraient, à la faveur d'un travail modéré, trouver au Maroc une existence facile ![1] » *Les Deutsche Kolonien*, sur un ton agressif, concluaient que personne n'empêcherait l'Allemagne d'étendre au Maroc son activité économique. Enfin, le Comité de géographie commerciale allemand votait des vœux, dans lesquels il manifestait le désir de voir le *statu quo* marocain maintenu et fortifié, et l'établissement d'un contrôle européen à Tanger, pour mettre toutes les puissances sur un pied d'égalité (1902-1903).

Malgré ces déclarations très nettes, les manifestations de l'opinion allemande ne nous étaient pas encore complètement défavorables en 1903. La crainte d'un rapprochement franco-anglais poussait encore les Allemands à tenter un dernier effort pour s'entendre avec nous. *La National Zeitung* écrivait : « L'Allemagne n'a à prendre en considération au Maroc que des intérêts de politique commerciale ; *aussi, l'association marocaine allemande ne saurait*

[1] Questions diplomatiques et coloniales, 1er sept. 1902.

jamais faire obstacle aux efforts de la France. » « Les garanties commerciales assurées, disaient aussi *Les Hamburge Nachrichten*, nous ne pourrions qu'être satisfaits de voir passer un pays ruiné par une mauvaise administration séculaire sous la protection d'une puissance civilisée, assez forte pour que toute protection et toute liberté soient assurées au commerce. » Il n'y avait donc, encore une fois, aucune raison pour que nous ne causions pas à l'Allemagne, comme nous avions l'intention de le faire avec l'Angleterre. L'instant était décisif, et toute nouvelle hésitation de notre part ne pouvait être regardée que comme un refus définitif.

L'amour-propre allemand fut donc doublement froissé, quand, au lieu de l'accord qu'on espérait, ce fut un arrangement franco-anglais qu'on eut à enregistrer à Berlin. Un mouvement général de mauvaise humeur, d'inquiétude, répondit à la satisfaction causée en France par cet accord. Le gouvernement de l'Empire dissimula d'abord son irritation. « Nous n'avons aucun motif, disait M. de Bulow, d'admettre que cette convention soit dirigée contre une puissance quelconque. Au point devue des intérêts allemands, nous n'avons rien à objecter. Nos intérêts au Maroc sont d'ordre principalement économique. Aussi, avons-nous, nous aussi, grand intérêt à ce que l'ordre et la paix règnent dans le pays.

D'autre part, nous n'avons aucun motif de craindre que nos intérêts économiques au Maroc soient mis à l'écart, ou reçoivent une atteinte du fait d'une puissance quelconque [1]. » Peut-être le chancelier espérait-il, encore par ce langage modéré, amener le gouvernement français à composition, et traiter avec lui sur les bases précédemment indiquées. Mais ce calme apparent fut de courte durée, et la réponse à l'accord du 8 avril ne se fit pas attendre. Dans l'entrevue de Vigo, peu après le traité, Guillaume II assurait à l'Espagne le désintéressement territorial de l'Allemagne, ce qui était une façon de faire entendre qu'elle ne s'opposait point aux ambitions marocaines de l'Espagne, voire même qu'elle les favoriserait contre nous. Ce fut là une des causes de la difficulté des négociations franco-espagnoles qui suivirent. Nous étions pris dans ce dilemme : ou mécontenter l'Espagne et la jeter dans les bras de l'empereur allemand, ou opérer le partage du Maroc avec elle. Nous avons vu que c'est la seconde solution qui prévalut.

Suivant l'exemple de son souverain, le chancelier de l'Empire profita d'une interpellation au Reischtag pour nous faire connaître qu'il n'oublierait point notre récente attitude, et qu'il nous réservait en

[1] *Disc. au Reichstag*, 12 avril 1904 (QUESTIONS DIPLOMATIQUES ET COLONIALES, 15 avril 1904).

quelque sorte un tour de sa façon. « *Je ne me laisserai dicter ni par l'étranger, ni par les critiques allemandes, le moment où nous sortirons de notre réserve actuelle* [1]. » Ce langage était gros de menaces, et l'on pouvait se douter, au lendemain du 8 avril, que la diplomatie allemande chercherait à nous créer des embarras sérieux.

Les pangermanistes et coloniaux allemands profitèrent de ce mécontentement officiel, pour élever les plus grandes prétentions du côté du Maroc. Les statistiques commerciales furent grossies, dénaturées, et la campagne effrénée, à laquelle se livrèrent nombre de publications d'outre-Rhin, fit naître peu à peu dans l'opinion publique des appétits marocains autrement larges que la sauvegarde des intérêts économiques.

A partir de ce moment, tout se précise, tout s'enchaîne. La visite théâtrale de l'empereur allemand à Tanger, à l'instant même où notre ministre pressait le Sultan de consentir à une série de réformes (31 mars 1905) ; les propositions allemandes de soumettre la question marocaine à toutes les puissances signataires de la convention de Madrid (8 juin) ; les avantages poursuivis à la cour du Sultan par M. de Tattenbach ; l'attitude hautaine dans les négociations avec la France (accords du 8

[1] Revue Politique et Parlementaire, mai 1904.

juillet et du 28 septembre) ; les polémiques menaçantes et éminemment blessantes pour notre amour-propre national de la presse allemande, tous ces faits s'expliquent aisément dès lors qu'on connaît le point de départ.

On sait que, pour se justifier, les Allemands élèvent contre nous deux griefs principaux [1] : 1° nous n'aurions pas fait une communication sérieuse et suffisante de la convention franco-anglaise du 8 avril 1904 ; 2° lorsque la France soumit à Fez ses propositions, analogues, dit M. de Bulow, à un ultimatum, M. Saint-René Taillandier aurait invoqué un mandat qui lui aurait été conféré par l'Europe.

Nous n'avons pas à insister sur des événements trop récents et d'une particulière acuité, mais qu'on nous permette de dire que les deux griefs précités ne valent rien, et qu'ils paraissent invoqués, pourrait-on dire, pour la galerie. Avant la signature du traité franco-anglais, M. Delcassé avait eu un entretien à ce sujet avec le prince de Radolin, ambassadeur d'Allemagne (23 mars 1904) et communiqué cette conversation à M. Bihourd, en l'invitant à s'en entretenir avec la chancellerie allemande. Rien ne prouve, d'autre part, qu'on ne soit pas en présence de l'intrigue et du mensonge du Sultan, ou que ce dernier n'ait répété

[1] Cf. Livre Blanc allemand du 8 janvier 1906.

que ce que le ministre allemand voulait bien lui faire dire.

Au fond, nous le répétons, ce qu'on nous reproche surtout, c'est de ne pas avoir traité avec l'Allemagne comme nous l'avons fait avec d'autres puissances.

L'affaiblissement de la Russie n'a fait qu'accentuer, que précipiter l'opposition allemande, mais le point de départ est ailleurs. Espérons que le point d'aboutissement sera l'occasion d'une manifestation pacifique du plus haut enseignement et de la plus durable portée.

CHAPITRE VI

La politique française.
(1830-1905)

A. Relations de la France et du Maroc de 1830 à 1880

Nos relations avec le Maroc remontent aux dernières années du XVIe siècle. Le premier consulat français y fut établi par des lettres patentes d'Henri III, et en 1624 arrivait à la cour de Marrakech notre première mission envoyée par le P. Joseph, ami et confident de Richelieu. Au cours des XVIIe et XVIIIe siècles, de nombreux traités de paix et de commerce furent conclus avec les Sultans. Le plus célèbre est celui du 28 mai 1767, qui plaçait le Maroc sous un régime analogue à celui des capitulations. D'après son article 11, les indigènes employés comme interprètes ou courtiers par les consuls et marchands français, étaient soustraits à la juridiction locale et au paiement des charges personnelles. C'était la première fois que le droit de protection à l'égard de sujets marocains nous était expressément reconnu et c'était nous qui obtenions les premiers cet avantage. Le même traité assimilait aux consuls des Echelles du Levant et de Barbarie les consuls français du Maroc, quant aux immunités, à la juridiction et aux attributions.

Au moment de la prise d'Alger, nos rapports avec la Cour des Chérifs étaient meilleurs que jamais. En 1824 et 1825, deux rescrits chérifiens venaient de confirmer le traité fondamental de 1767, et concéder à la France le traitement « de celle des nations chrétiennes la mieux accueillie et la plus favorisée. » Bien que l'occupation de la ville ait eu beaucoup de retentissement parmi les populations marocaines, le Sultan Abd-er-Rhaman se maintint vis-à-vis de nous dans une stricte neutralité ; et, malgré la pression de l'Angleterre, son attitude ne se modifia pas avant 1844, date à laquelle Abd-el-Khader vint se réfugier sur le territoire marocain. L'Emir cherchait à entraîner dans sa lutte contre la France le Maroc, où il comptait de nombreux partisans, et il voulait l'obliger à prendre fait et cause pour lui. Mais le Sultan du Maroc, tout en révérant Abd-el-Khader comme un Saint de l'Islam, le craignait comme un compétiteur possible, et tenait assez peu, au fond, à agir en sa faveur. Mais les événements furent plus forts que sa volonté ; les populations, surexcitées par la présence de l'Emir, commençaient à s'agiter, et le pauvre Sultan, pour ne pas s'exposer à être renversé, fut contraint d'accorder ouvertement sa protection à l'ennemi des Français. Il lui donna le gouvernement du Riff et des tribus voisines de notre province d'Oran, ce qui pouvait être déjà, vis-à-vis de nous, *un casus belli* ; puis, une troupe marocaine vint sommer le général Lamoricière d'évacuer Lalla-Marnia, sous prétexte que cette ville était située en territoire marocain, et le 30 mai 1844, une agression avait lieu contre nos postes. Le général dispersa facilement la petite armée du caïd El-Guenaoui. Cependant, le maréchal Bugeaud consentit à traiter du point litigieux avec le caïd ; il envoya à cet effet le général Bedeau, lequel fut attiré dans un guet-apens, et aurait été massacré sans l'intervention de notre cavalerie. A cette nouvelle, Guizot fit remettre par M. de Nyon, notre ministre à Tanger, un ultimatum au Sultan, en demandant : 1° le désaveu de l'agression faite sur notre territoire ; 2° la dislocation des troupes marocaines réunies à Oudja ; 3° le rappel du caïd d'Oudja qui avait encouragé l'agression ; 4° le renvoi d'Abd-el-Khader. En même temps, une escadre, sous les ordres du prince de Joinville, devait croiser sur les côtes marocaines pour appuyer nos réclamations. Le 2 juillet, le délai donné au Sultan expirait sans que nous eussions reçu de réponse à l'ultimatum. Le 5, le bruit se répandait que sir John Drummond Hay n'avait pu réussir à amener Abd-er-Rhaman à se soumettre. Le gouvernement français se décida à agir, et le 6 août suivant, Tanger était bombardé.

Le 15 août, Mogador subit le même sort, et une garnison française y fut installée. De son côté, Bugeaud avait remporté, la veille, une brillante victoire sur les bords de l'Isly, prenant 11 canons, 18 drapeaux, la tente et les papiers de Moulay-Mohammed, fils du Sultan.

« Il suffit à l'Angleterre de simuler une grande appréhension de notre conservation d'une partie du territoire marocain, pour que Guizot hâtât la conclusion de la paix sur les bases de l'ultimatum [1]. » Au surplus, la Chambre demandait la paix, et était hostile à toute politique algérienne. Des ouvertures pacifiques furent donc faites au Sultan. Le gouverneur des provinces du nord du Maroc, Bou-Selam, y répondit, et le 10 septembre 1844, nos plénipotentiaires, MM. de Nyon, Warnier et de Glücksberg, étaient reçus à Tanger. Ils remirent au pacha un traité qui avait été rédigé à l'avance, en exigeant qu'il y fût répondu dans les vingt-quatre heures sans modification. Bou-Selam se rendit à toutes nos conditions.

Le Sultan s'engageait à licencier ses troupes; à

[1] Revue Politique et Parlementaire, 10 août 1903.

infliger un châtiment aux chefs coupables d'agressions contre nous; à mettre Abd-el-Khader hors la loi, et à le poursuivre à main armée sur son territoire : mais les Français devaient évacuer Oudja et Mogador. Il ne fut même pas question d'indemnité de guerre : nos plénipotentiaires songeaient, paraît-il, à en réclamer une, « mais ils furent retenus par la crainte de voir échouer les négociations [1] ». Il se trouva quelques députés pour protester, et reprocher à Guizot de sacrifier ainsi nos intérêts, mais celui-ci répondit *que « sa conduite avait été pleine d'indépendance »*, et la majorité de la Chambre approuva, comme n'eût pas manqué de le faire le Parlement britannique.

L'article 5 du traité de Tanger portait que la délimitation des frontières entre S. M. l'Empereur des Français et S. M. l'Empereur du Maroc restait fixée et convenue, *conformément à l'état de choses reconnu par le gouvernement marocain, à l'époque de la domination des Turcs en Algérie.* C'est en exécution de cet article que fut signée la convention de Lalla-Marnia qui aggravait encore le traité de Tanger (18 mars 1845). « Le délimitateur fut un certain comte de la Rue, maréchal de camp des armées du Roi, que rien ne désignait pour cette mission, alors que tant d'officiers eussent fait l'affaire avec leurs

[1] Rouard de Card, *Traités entre la France et le Maroc.*

connaissances topographiques. M. Guizot le patronna comme un homme du monde, ferme et prudent, habile à démêler et à déjouer les ruses ennemies [1]. » Or, l'homme du monde, habile à déjouer les ruses, fut très habilement dupé par le délimitateur marocain, Si-Ahmida Ben-Ali. « C'est en vain que Bugeaud avait signalé la Moulouya comme frontière traditionnelle ; que Soult, ministre de la guerre, avait recommandé de s'abstenir de toute division de tribus pouvant donner lieu à contestations ; c'est en vain qu'on adjoignit à M. de la Rue, comme interprète, M. Léon Roche, ex-prisonnier d'Abd-el-Khader ; c'est en vain qu'on lui fournit cartes et plans. Il se laissa mener de pays en pays par Si-Ahmida, et persuader facilement. Il ne songea même pas à revendiquer le champ de bataille de l'Isly, ce qui nous eût donné Oudja, situé à 12 kilomètres en deçà [2]. »

La frontière fut nettement délimitée de l'embouchure de l'Oued-Kiss, jusqu'au col de Teniet-el-Sassi. Après ce col, elle disparut : « On se contenta de se partager les villages et tribus de la région [3]. » « A part l'Oued-Kiss, qui forme une ligne de démar-

[1] Revue Politique et Parlementaire, 10 août 1903.

[2] Revue Politique et Parlementaire, 10 août 1903.

[3] Parce que, disait-on, la terre ne s'y laboure pas, et qu'elle sert seulement de pacage aux Arabes des deux Empires.

cation à peu près nette, la plupart des points désignés par la convention ont donné lieu à des contestations. Des tribus reconnues marocaines se trouvaient sur territoire algérien; d'autre part, nos Algériens avaient des propriétés aux portes d'Oudja, des Marocains au bord de la Tafna..... Pour obvier aux difficultés incessantes, on décida de laisser des terrains neutres dans lesquels Algériens et Marocains pourraient s'établir sans qu'ils fussent censés avoir franchi la frontière. Ce ne fut qu'une occasion pour nos voisins de gagner une nouvelle portion de terrain. Il apparaît d'ailleurs souvent jusqu'à l'évidence que la reconnaissance des points assignés par la convention n'a pas été faite sur place, et que, d'autre part, les indigènes intéressés n'ont pas été consultés sur leurs droits. On n'a donc pas établi une ligne ferme, incontestable, sur laquelle on pût appuyer notre action [1]. »

Dans le Sud, les tribus et les ksour [2] étaient tellement enchevêtrés les uns dans les autres, qu'on aurait dit qu'il y avait eu tirage au sort. Des ksour qu'on reconnaissait comme marocains, Ich et Figuig, étaient situés dans notre sphère d'action. Ce désordre ne pouvait amener que des insurrections continuelles chez des tribus toujours en efferves-

[1] H. de la Martinière, Revue des Deux-Mondes, 1897.

[2] Pluriel de ksar, village.

cence, et c'est effectivement ce qui se produisit. Mais l'erreur la plus grossière fut sans contredit dans le sacrifice de tout le pays situé entre l'Oued-Kiss et la Moulouya. De tout temps, depuis Jugurtha jusqu'au XIXe siècle, ce dernier fleuve avait séparé les deux Mauritanies, la Tingitane de la Césarienne : c'était là la vraie frontière naturelle, comme le disait M. Canovas del Castillo lui-même. L'histoire des deux Maghreb n'avait été qu'une longue série de luttes entre Turcs et Marocains pour la possession d'Oudja. Si nous avions été mieux informés, et décidés à agir de la façon la plus énergique, nous aurions eu une frontière partant de l'embouchure de la Moulouya, remontant son cours, atteignant l'Oued-Guir, poursuivant jusqu'à Ras-el-Aïn, et rangeant dans le Sud sous notre dépendance les Ouled-Sidi-Cheik, ce qui nous aurait permis de réclamer l'oasis de Figuig.

En définitive, on peut dire que, dans le Nord, nos droits étaient irrémédiablement lésés. Si au contraire, dans le Sud, l'erreur n'avait pas été moindre, cette erreur était réparable, puisqu'il était proclamé que le désert n'appartenait à personne. Elle fut corrigée en partie par l'occupation du Touat.

Ce qui nous resta acquis, en tous cas, c'est notre droit de poursuite et de châtiment des pillards marocains au delà de la frontière, mais ce n'était pas là un avantage bien sérieux[1], en comparaison de ce que nous pouvions espérer.

« Signée le 18 mars 1845, cette convention fut donc depuis cette date, de la part de nos autorités algériennes, l'objet d'incessantes réclamations et des commentaires les plus fâcheux. Généraux, gouverneurs militaires et civils, chacun lui a jeté la pierre[2]. » Il ne s'est guère trouvé qu'un publiciste[3] pour la trouver satisfaisante. « En échange, dit-il, de la livraison d'Abd-el-Khader, service rendu à la France, le Sultan voulait (?) la frontière de la Tafna. Loin d'accuser de maladresse les plénipotentiaires de 1844-45, *il me semble, au contraire, qu'il y aurait plutôt lieu de les louer, pour avoir conservé Lalla-Marnia et la frontière du Kiss!* » Cet auteur, dont l'ouvrage est parsemé d'idées aussi originales, aurait pu achever sa période en félicitant le Sultan battu de sa rare mansuétude, mais il se contente de se contredire quelques pages plus loin en gémissant sur l'insuffisance du traité.....

Pendant que le roi Louis-Philippe triomphait, et résumait sa politique dans cette formule : « Guerre

[1] Au reste cette disposition ne visait que les tribus : les individus conservaient *le droit d'asile* (art. 6), c'est-à-dire qu'ils pouvaient se réfugier sur le territoire de l'autre État et y demeurer. Le droit d'asile mettait obstacle à l'extradition.

[2] H. de la Martinière, Revue des Deux-Mondes, 1897.

[3] Jean Hess, *La Question du Maroc*, 1903.

forte, paix généreuse et douce », qui était précisément le contraire du vieil adage : *Suaviter in modo, fortiter in re*, notre inlassable ennemi Abd-el-Khader préparait, en territoire marocain, de nouvelles agressions contre nous. Guizot fut obligé, par l'intermédiaire du comte de la Rue, de rappeler le Sultan au respect de ses engagements, ce qui n'empêcha pas l'Emir, repassant brusquement la frontière, de surprendre et d'anéantir à Sidi-Brahim une petite colonne française. Le maréchal Bugeaud le poursuivit vigoureusement, et l'obligea à rentrer au Maroc. Mais cette fois, la Cour de Fez, se sentant menacée, se joignit à nous, et envoya une petite armée qui battit Abd-el-Khader, et l'obligea à fuir vers Figuig et, finalement à se rendre au général Lamoricière.

Cependant, les tribus marocaines, qui n'avaient pas la notion européenne du mot frontière, se soucièrent assez peu du traité de 1845, et continuèrent à piller autour d'elles, que ce fût en deçà ou au delà des limites artificielles qu'on venait de leur imposer. Ce fut la source d'incidents sans cesse renouvelés. Ainsi, dès l'année 1849, des difficultés surgissaient entre la France et le Maroc, occasionnées par la turbulence de ces tribus. Une nouvelle expédition avait même été projetée, et elle était à la veille de partir de Toulon, quand des satisfactions nous parvinrent.

« Il n'en demeurait pas moins assuré que l'avenir nous réservait des complications nouvelles avec le Maroc[1]. » Et, en effet, au milieu de l'année 1852, les Beni-Snassen faisaient une sanglante incursion aux environs de Lalla-Marnia.

Ils recommençaient en 1859, accompagnés cette fois des Angad et des Mehaïa, attaquant Marnia et Nemours, incendiant divers établissements, et répandant la terreur parmi les colons. L'agitation gagna même Alger par des menées secrètes, et plusieurs marchés y furent pillés. « On accueillit les pillards avec enthousiasme à Oudja, et les dépouilles sanglantes de nos malheureux spahis, surpris traîtreusement dans un guet-apens, furent promenées dans la ville[2]. » Il était urgent de frapper un grand coup, et le désappointement fut très vif, lorsque le général de Martimprey, chargé du corps expéditionnaire, assura dans son ordre du jour que la France ne songeait à aucun agrandissement territorial.

Le 9 novembre 1859, l'expédition était terminée : le caïd d'Oudja était destitué, et la ville frappée d'une forte amende. Mais nous avions perdu 4.000 hommes du choléra ! Les résultats de cette expédition étaient encore insignifiants, et nos sacri-

[1] Revue des Deux-Mondes, 15 décembre 1859.

[2] Revue française de l'Étranger et des Colonies, janvier-juin 1886.

fices inutiles. Pourquoi ne pas avoir gardé Oudja une bonne fois pour toutes, aussi bien que Figuig dans le Sud? Au surplus, la leçon infligée aux Beni-Snassen était insuffisante, car, au mois de décembre de la même année, de nouveaux troubles se reproduisaient, et le général Deligny, resté en observation, était obligé d'intervenir.

De leur côté, les pirates du Riff, ne voulant pas rester en arrière, tiraient sur les bâtiments français qui passaient à bonne portée, et capturaient même le *Jeune Dieppois*, en 1855. Il est vrai que le gouvernement de Napoléon III, poursuivant son rêve de l'union des peuples de race latine, pouvait se permettre un certain laisser-aller au Maroc, puisqu'après avoir donné la Tunisie aux Italiens, *il projetait de faire cadeau à l'Espagne de ce même Maroc !* La Grande-Bretagne vint détruire ce rêve néfaste, et dissiper en même temps les illusions des Espagnols, qui prêtaient une oreille attentive et satisfaite aux suggestions napoléoniennes.

Malgré ces difficultés sans cesse renaissantes, nous parvînmes à négocier plusieurs conventions avec le Sultan : le 19 août 1863, intervenait entre la légation de France et le gouvernement marocain, un règlement relatif à l'exercice du droit de protection, lequel maintenait les privilèges des censaux ou courtiers indigènes. Puis, le 31 mai 1865, nous signions, de concert avec les autres puissances, une convention concernant l'administration et l'entretien du phare du cap Spartel. Enfin, une loi relative à nos relations commerciales avec le Maroc par les frontières de terre était votée en France en 1867 : cette loi exemptait notamment les produits originaires du Maroc de tous droits à leur entrée en Algérie. Elle a permis à l'Oranie de manger du bœuf et du mouton marocains, et au commerce algérien avec le Mahgreb de se développer considérablement, malgré l'état de troubles perpétuel dans lequel se trouvait la frontière. De ce jour, les caravanes de Fez, de Taza, d'Oudja, du Tafilelt même affluèrent sur les marchés de Marnia et de Tlemcen, et elles ne s'en retournèrent jamais à vide, pour le plus grand profit de nos trafiquants.

En dépit de ces relations satisfaisantes, nous fûmes encore obligés d'avoir recours aux armes en 1870, pour châtier les Ouled-Sidi-Cheikh. Le général de Wimpfen, ayant sous ses ordres les brigadiers de Colomb et Chanzy, et à la tête d'une colonne forte de 3.000 hommes, franchit la frontière et infligea plusieurs échecs aux tribus insoumises. Il revint à son point de départ, après avoir parcouru, tant pour l'aller que pour le retour, 240 lieues en 40 jours (29 mars-7 mai 1870). Cette brillante équipée, dans une région où l'armée française n'avait encore jamais pénétré, produisit un effet moral considérable sur les indigènes. Ils virent que les distances ne pouvaient suffire pour les protéger : aussi, se tinrent-ils tranquilles pendant la guerre franco-allemande, et même jusqu'à l'apparition de Bou-Amama, en 1881. « On peut estimer que l'expédition de 1870 sur l'Oued-Guir épargna à la province d'Oran une invasion marocaine pendant la guerre d'Allemagne. Cette invasion n'aurait pu être refoulée par les quelques recrues et les bataillons de mobiles non exercés qui gardaient alors notre territoire. Elle eût certainement fait plus de progrès qu'en 1859...... elle se serait propagée aussi vers l'Est et aurait donné la main à l'insurrection de la Kabylie qui se préparait déjà. Sa marche rapide nous eût aliéné presque toutes les tribus ; l'Algérie eût été probablement perdue, et nous aurions renoncé en 1871 à la reconquérir. Tant il est vrai qu'on ne doit jamais laisser ouverte une question qui pourrait soulever à un moment donné de graves embarras [1]. »

Peu après les événements de 1870, notre ambassadeur, M. Tissot, facilitait l'installation à Fez du nouveau Sultan Moulay-Hassan. Celui-ci nous témoigna sa reconnaissance en assistant à une revue de parade de nos troupes, le long de la frontière oranaise (1874). Il fut absolument émerveillé par notre artil-

[1] Général Luzeux, *Notre politique au Maroc*.

lerie, et demanda si, assisté d'instructeurs français, il pourrait atteindre ce résultat avec ses propres soldats. Cette question, reprise en 1877 à Fez avec M. de Vernouillet, aboutit à l'envoi d'une mission militaire française au Maroc. Le personnel en fut choisi avec un soin extrême, et le choix du commandant Erckmann fut particulièrement heureux, car le chef de notre mission sut prendre de l'ascendant sur le Sultan et devenir son confident et ami, malgré l'hostilité sourde qui régnait dans le clan étranger.

Cet avantage important, accordé à la vaincue de 1871, éveilla la jalousie et la colère des autres puissances, qui profitèrent de la faiblesse du Sultan pour nous chicaner sur notre droit séculaire de protection. Le 19 mai 1880, les délégués des puissances se trouvaient réunis à Madrid, pour régler toutes les questions soulevées par l'exercice de ce droit. Nous fûmes représentés à la Conférence par notre ambassadeur à Madrid, l'amiral Jaurès, qui reçut de notre gouvernement les instructions suivantes :

« La protection que les puissances européennes accordent à certains indigènes dans l'Empire chérifien, écrivait M. de Freycinet, repose sur un système de droit conventionnel, qui est traditionnellement admis comme pouvant seul assurer aux étrangers en pays mulsulman les moyens nécessaires pour entrer en rapports avec les populations locales...... Nous sommes nantis de titres dont l'authenticité et la force ne peuvent donner lieu à aucune discussion. Le droit que nous tenons des traités a toujours été exercé par nous avec modération et réserve, et la limitation qu'il impose à l'autorité du souverain territorial est rendue nécessaire par l'état des mœurs et de la législation indigènes. La question soulevée au sujet des censaux constitue, vous le savez, le principal intérêt dans le débat relatif aux protections. Les conditions particulières de notre trafic avec le Maroc nécessitent la continuation des privilèges de ces courtiers indigènes, chargés par nos négociants d'aller chercher souvent, à de très longues distances des ports, les laines qui fournissent la presque totalité de l'exportation française. On ne saurait se passer de l'intermédiaire des censaux sur les marchés de l'intérieur, où, loin de la surveillance exercée dans les villes de la côte, les violences sont plus fréquentes et la répression plus difficile. En acceptant, par l'arrangement de 1863, de limiter le nombre des courtiers indigènes à deux par comptoir, peut-être avons-nous déjà trop cédé, au dire de nos négociants; leurs plaintes seraient fondées si nous ne leur assurions pas la liberté du choix de leurs agents et une sécurité indispensable pour leurs transactions. La suppression de ces privilèges, si elle ne ruinait pas entièrement notre commerce avec l'intérieur du pays, serait, à coup sûr, la source de difficultés que les autorités chérifiennes ont tout intérêt à ne pas voir se produire. Nous admettons d'ailleurs que les censaux, comme les autres protégés, soient, en tant que propriétaires, soumis au paiement des taxes agricoles ; mais en retour de notre consentement à ces impositions, nous demandons au Maroc la reconnaissance formelle du droit de posséder pour les étrangers. Il y a une corrélation évidente entre ces deux idées, et si notre réclamation devait être repoussée, nous nous verrions obligés de nous en tenir aux termes de la Convention de 1863, en ce qui concerne l'exemption de toute taxe pour nos protégés [1].... »

Cet exposé, très clair et très précis, véritable modèle en son genre, fut défendu vigoureusement par notre plénipotentiaire. Les débats de la Conférence, qui eurent lieu sous la présidence de M. Canovas del Castillo, furent longs et animés. Le délégué allemand avait été invité par son gouvernement à régler son attitude sur celle de son collègue français, *car, disait Bismarck, l'Allemagne n'a pas d'intérêt au Maroc.* Nous obtînmes gain de cause

[1] Cité par Rouard de Card, *Traité entre la France et le Maroc.*

sur la plupart des points, et, le 3 juillet 1880, une convention, rédigée en 18 articles, était signée par les plénipotentiaires, adoptant la presque totalité des solutions qu'avait préconisées l'amiral Jaurès. La Convention du 19 août 1863 restait en somme en vigueur, et rien n'était changé à la situation des censaux, sauf ce qui était stipulé quant à l'acquittement par eux de certains impôts. Quelques légères restrictions étaient également apportées à la Convention de 1863, quant à l'obtention de la protection, pour les sujets du Sultan employés par la légation française, et ceux ayant rendu des services à la France : le droit de protection n'était plus accordé que sous des conditions et dans des limites assez étroites.

La convention du 3 juillet 1880 a réglementé en outre l'acquisition de la propriété immobilière, le paiement des impôts agricoles, la médiation des employés des légations ou consulats, la naturalisation étrangère des sujets marocains, et reconnu à tous les Etats représentés à la Conférence le droit au traitement de la nation la plus favorisée. Pour ce qui est de l'acquisition de la propriété immobilière, le point de beaucoup le plus important, la convention n'a produit que peu d'effet. « On n'a en effet obtenu du Sultan la reconnaissance du principe de la propriété et de l'achat des terres par les Européens qu'au prix d'une clause additionnelle que le délégué chérifien a représentée comme une garantie morale, mais qui, en réalité, soumettant toute opération d'achat à l'approbation du Sultan, rend pratiquement nulles les concessions du premier article. S. M. chérifienne, pour protéger son empire de l'invasion des chrétiens, n'a cessé de donner secrètement des instructions très nettes, très sévères à tous ses fonctionnaires, d'avoir à entraver toute opération de ce genre. De plus, l'acquiescement du Maghzen est toujours refusé. Sauf sur la côte, les étrangers n'ont obtenu aucune facilité nouvelle pour acquérir des propriétés [1]. »

B. Relations de la France et du Maroc de la Conférence de Madrid à nos jours. Les accords marocains signés par la France (1904). Le conflit avec l'Allemagne.

La Conférence de Madrid n'avait pas touché à la frontière défectueuse de 1845. Ce qui était faux dans la réalité des choses, tendait à devenir vrai diplomatiquement. Le Sultan, de son côté, apprenait à tirer parti du traité de Lalla-Marnia, pour assujettir son pouvoir sur des régions qu'il n'avait jamais effectivement possédées. La fiction de cette souve-

[1] H. de la Martinière. REVUE DES DEUX-MONDES, 1894.

raineté tendait à prendre de plus en plus corps aux yeux de puissances, qui, comme l'Angleterre et l'Espagne, s'efforçaient de présenter nos incursions sur le territoire marocain comme une violation de ce territoire. Au lieu donc d'assaillir le Maghzen de réclamations, comme nous le fîmes à tant de reprises, nous aurions dû agir avec énergie, pour ne pas avoir l'air de douter de notre droit de répression consacré en 1845. Cette politique de puissance éternellement réclamante n'a jamais rien valu ni auprès du Maghzen, ni auprès des puissances. Nul n'ignore la série de déconvenues, réservée à une réclamation européenne à la Cour de Fez, toujours soucieuse d'esquiver des réponses gênantes ; et, d'autre part, on ne saurait nier que l'hésitation vis-à-vis de Marocains n'a jamais été prise que pour de la faiblesse. Nous avions déjà laissé échapper l'occasion d'occuper Oudja sans coup férir en 1859, et nous rééditâmes cette faute pour Figuig en 1882. Cette prise de possession était presque un devoir pour nous, et qu'on ne nous objecte pas l'opposition de l'Angleterre, car ces deux dernières dates étaient absolument propices.

Donc, en 1881, un marabout du nom de Bou-Amama, venait ravager tout le pays situé au sud de Saïda. On lança quelques soldats contre l'agitateur qui, lorsqu'il était serré de trop près, trouvait toujours toutes grandes ouvertes les portes de Figuig, pour lui donner asile. Cette large hospitalité lui permettait de faire quelques petites sorties toujours fructueuses. Au cours de l'une d'elles, il parvint à surprendre, avec 8.000 cavaliers marocains, un petit détachement français commandé par le capitaine de Castries, qui faisait une reconnaissance topographique près du chott Tigri. L'émotion fut très vive en France. Le député Ballue demanda à M. de Freycinet, président du Conseil, si nous avions dans le Sud-Oranais, pour défendre nos frontières, une politique déterminée et suivie, ou bien si toute notre sagesse consistait à attendre que les agressions se produisissent. Il faut, disait-il, s'emparer de tous les points de ravitaillement des nomades, et notamment de Figuig, que l'on a eu bien tort de respecter. « Les résultats obtenus sont nuls jusqu'ici. Pourquoi? Parce que vous ne vous décidez pas à aller frapper l'ennemi sur le point où il peut être atteint d'une façon définitive. »

M. de Freycinet répondit par des considérations assez vagues, en s'efforçant de démontrer que l'occupation de Figuig offrait de grandes difficultés. En réalité, nous reculions, comme le disait M. Ténot, devant les susceptibilités de l'Angleterre et de l'Espagne, au lieu de chercher à agir après avoir su les désintéresser.

Mais le gouvernement ne manqua pas de réclamer auprès du Sultan, par l'intermédiaire de notre ministre, M. Ordéga. Reçu avec toutes sortes d'honneurs par Moulay-Hassan, M. Ordéga traita l'affaire avec habileté, et obtint du Sultan qu'il s'engageât à donner par écrit au gouvernement français l'autorisation pour ses troupes de franchir la frontière marocaine, toutes les fois que les exigences de la défense algérienne l'y obligeraient. De plus, un firman devait être expédié sans retard à tous les chefs des tribus voisines de l'Algérie, pour leur enjoindre d'accorder sur leur territoire libre passage à nos troupes, et de mettre à leur disposition toutes les ressources du pays. Cette bienveillance du Sultan lui était d'autant plus facile qu'elle lui était commandée par le traité signé par son grand-père en 1845, et que, depuis cette époque, aucune disposition n'était venue abroger ce texte. Mais quand M. Ordéga sortit la note des déprédations commises, le ministre de Sa Majesté en exhiba une autre relatant les exactions commises par nos troupes sur les provinces de l'Empire, alors à la poursuite de Bou-Amama. Nous réclamions une indemnité de 500.000 francs, tandis que nos déprédations s'étaient élevées, paraît-il, à la somme de 1.800.000 francs. « C'est donc seulement 1.300.000 francs que vous nous devez », conclut le personnage avec un sourire.

M. Ordéga n'eut pas plus de chance, quand il voulut pressentir l'opinion du Sultan sur le passage éventuel en territoire marocain d'un chemin de fer transsaharien. Cette idée ne sembla que très médiocrement sourire à Moulay-Hassan, qui répondit qu'il examinerait un peu plus tard la question avec toute l'attention qu'elle méritait. Mais notre représentant, usant du droit que confère aux puissances européennes l'art. 16 de la Conférencede Madrid, réussit à accorder la protection de la France au Chérif d'Ouezzan, c'est-à-dire à se faire un allié du plus puissant personnage de l'Empire après le Sultan. Descendant du prophète par les femmes, le grand Chérif, très populaire dans tout le nord du Maroc, aurait pu renverser le Sultan s'il l'avait voulu (1882). Mais il borna son ambition à entretenir de bonnes relations avec la puissance qui administrait tant de ses fidèles, et à s'assurer son appui en cas d'hostilité de la part du Maghzen.

M. Ordéga fut remplacé au Maroc par M. Féraud, qu'un long séjour en Algérie avait mis mieux au fait des coutumes, des mœurs et de la politique arabes. Notre prestige avait un peu baissé à la Cour : Moulay-Hassan, quoiqu'intelligent, était obligé de tenir compte des préjugés et du fanatisme musulmans, et subissait jusqu'à un certain point l'influence des étrangers, qui ne cessaient de dénoncer « notre goût proverbial pour la conquête ». « M. Féraud ne se découragea point, et, grâce à sa parfaite connaissance de l'arabe, il put pénétrer jusqu'au Sultan, et lui démontrer sans interprète que le sort du Maroc était intimement lié à celui de notre colonie algérienne [1]. »

En même temps, à l'instigation de son représentant, le gouvernement français envoyait à l'empereur du Maroc une mission spéciale chargée de traiter diverses questions d'un intérêt mutuel pour les deux Etats. Cette mission parut avoir réussi, car à peine avait-elle quitté le Maroc, que, spontanément, Moulay-Hassan décida l'envoi à Paris d'ambassadeurs chargés de reprendre les questions ébauchées dans le précédent entretien de Fez. Il y fut traité spécialement d'un projet de rectification de frontières, et il était question de nous céder enfin l'oasis de Figuig (1886). Malheureusement, les négociations n'aboutirent pas, si ce n'est à attirer l'attention du Sultan sur ces ksour de Figuig qui étaient demeurés jusque-là indépendants de son gouvernement, et à y provoquer l'installation d'un caïd. C'était là un résultat tout au moins inattendu.

M. Patenôtre ne fut pas plus heureux dans son

[1] Revue de géographie, 1885.

ambassade en 1891, et dans ses pourparlers avec le délégué du Sultan, Si Feddoul Gharnit. Ces échecs réitérés des essais de revision du traité de 1845 ont amené un auteur, déjà cité plus haut pour la bizarrerie de ses conceptions, à en faire retomber toute la faute sur notre ministère des affaires étrangères. « Il y a au quai d'Orsay, dit-il, un bureau où, depuis 50 ans, *on ne veut pas* que ce traité soit revisé de manière à garantir la paix entre les deux peuples. Dans ce bureau vivent et se succèdent des gens qui aiment la question marocaine comme une dartre à gratter... Ça les amuse d'entretenir cette question qui fait éclater poudre et plomb, qui fait couler du sang... Quel chapitre à écrire pour un fouilleur d'âmes que celui d'un bureau comme celui-là... En vain, le Maroc demande une fois pour toutes ce qui est à lui et ce qui est à nous dans le sud : on élude la question... Là où se portera notre drapeau, les Marocains verront que c'est français, et cela doit leur suffire. Voilà toute la question du Maroc. Le quai d'Orsay veut tout le Maroc [1] ». Et cette politique vaut à M. Hess « des écœurements tels qu'il n'y en a point dans les métiers les plus sales [2] ».

Nous espérons pour ce Monsieur que ses écœurements ont cessé, depuis que le quai d'Orsay, par

[1] Jean Hess. LA QUESTION DU MAROC, p. 196.
[2] Jean Hess, LA QUESTION DU MAROC, p. 196.

suite de l'intervention allemande, a vu diminuer ses chances d'accaparement marocain. En tous cas, ses critiques sont aussi injustes que grossières, et si l'on tenait à nous reprocher quelque chose, ce ne pourrait être que notre timidité. Presque tous nos gouvernements ont été animés du sincère désir d'en finir avec cette question si irritante de la frontière algéro-marocaine, et s'il a fallu un demi-siècle pour aboutir à une solution satisfaisante, la faute doit en être rejetée sur le mauvais vouloir et la duplicité du Maghzen.

L'ambassade de M. Patenôtre à la Cour de Fez ne fut cependant pas sans résultat. Il obtint du Sultan diverses concessions, notamment la frappe d'environ 20 millions de francs de monnaie marocaine, et l'amélioration du service des ports. Son successeur, le comte d'Aubigny, rompit avec tous les usages, en n'emportant pas de cadeaux au Sultan, ce dont on ne peut que le féliciter, car, aux yeux des Musulmans, les cadeaux passaient pour un hommage de vassalité. Il n'en réussit pas moins à conclure une sorte de convention commerciale, concernant les mesures propres à protéger les marques de fabriques françaises. « Les étiquettes des grandes raffineries de sucre de Marseille, connues et appréciées depuis des années par les indigènes, étaient imitées avec un art infini, et chaque navire arrivant de Belgique ou d'Allemagne débarquait des quantités considérables de sucre contrefait [1]. » Il était urgent de remédier à cette concurrence déloyale dont les Allemands sont si coutumiers, et le 21 décembre 1892, le Sultan signait une convention qui portait : 1° Toute marque de fabrique contrefaisant un produit français sera saisie, et le délinquant puni ; 2° Les droits à l'importation sur les tissus de soie, les bijoux, vins, pâtes alimentaires, seront réduits à 5 0/0 *ad valorem* ; 3° Quelques prohibitions absolues seront levées, et l'on pourra demander aux indigènes des écorces de liège et des minerais [2]. Enfin, M. d'Aubigny obtenait une indemnité de 253.000 fr., en réparation de l'attaque d'une caravane algérienne allant commercer dans le Tafilelt. Le ministre suivait en cela les instructions de M. Ribot, tendant à considérer la question du Touat comme une question purement algérienne, et pour laquelle il n'y avait pas à entrer en conversation avec le Sultan. Le Maghzen concéda également à notre représentant quelques améliorations dans la voirie de Tanger, et par les soins de M. d'Aubigny, de notables améliorations furent apportées

[1] H. de la Martinière, Revue des Deux-Mondes, 1894.

[2] En revanche, par une loi du 6 février 1893, le gouvernement français était autorisé à appliquer le tarif minimum aux produits marocains.

à l'état de cette ville. C'est à cette époque que la France fut autorisée à remplacer l'agence consulaire qu'elle entretenait à Fez, et qui était gérée par un indigène, par un consulat géré par un consul de carrière. C'était une faute, car les puissance rivales ne pouvaient manquer de nous imiter, et faire dégénérer la Cour chérifienne en un foyer d'intrigues européennes, où notre influence devait être plus directement combattue.

Mais M. d'Aubigny eut au moins le mérite d'éventer les ruses et les machinations de l'Angleterre en de multiples occasions. Il attira d'abord l'attention de notre gouvernement sur l'imminence d'un débarquement de troupes anglaises à Tanger, lors des troubles qui se produisirent aux environs de cette ville (1891). Puis il réussit à faire neutraliser le sémaphore édifié par les Anglais au cap Spartel (1892). Enfin, il sut persuader l'Espagne, après l'affaire de Mélilla, d'accorder du temps au Maghzen pour qu'il pût se libérer vis-à-vis d'elle, sans le concours de l'Angleterre (1894).

Il fut remplacé par M. de Monbel, qui eut encore à régler quelques affaires causées par la turbulence des tribus marocaines, et en particulier des Riffains. En octobre 1896, ceux-ci pillaient le bateau français *Prosper-Corin*, et s'emparaient du capitaine. Le gouvernement demanda aussitôt le châtiment des coupables et une indemnité, mais le Maghzen faisant traîner l'affaire en longueur, selon son habitude ; ce fut le nouveau Chérif d'Ouezzan qui fit relâcher le capitaine, sans rançon. Sidi-el-Hadj venait en effet de mourir, et l'aîné de ses fils, Moulay-el-Arbi avait hérité de son chapelet et de son cachet, et pris en mains la direction de la puissante confrérie des Moulay Taïeb. M. d'Aubigny lui avait accordé la protection française, et il nous en témoignait sa reconnaissance en prenant ainsi la défense de nos intérêts.

En 1897, des voiliers étrangers furent encore assaillis sur les côtes du Riff, et cinq navires de guerre envoyés à Tanger, dont le croiseur français *Cosmao*. La même année, les Beni-Snassen, les Angad et les Mehaïa, en lutte contre l'Amel d'Oudja, vinrent se réfugier aux environs de Marnia. M. Cambon, gouverneur de l'Algérie, se rendit en personne sur les lieux menacés, et prescrivit l'échelonnement de petits détachements le long de la frontière pour empêcher les Marocains de la franchir à nouveau[1]. Abd-el-

[1] Ce renouveau d'insécurité porta un grand préjudice à nos marchés algériens : « Ainsi, en 1897, le locataire du marché de Lalla-Marnia, qui payait une redevance de 20.000 francs, demanda et obtint une détaxe de 15.000 francs, en raison de la situation commerciale d'alors. »

(Questions diplomatiques et coloniales, 1897, p. 420).

Aziz envoyait à la même époque, à Paris, un ambassadeur extraordinaire pour notifier son avènement et offrir des cadeaux au Président de la République. Cette ambassade n'eut que peu de résultats. Le Sultan voyait d'un mauvais œil les progrès des Français dans le Sud-Algérien, et manœuvrait secrètement pour empêcher notre occupation définitive de la région du Touat.

L'art. 6 du traité de 1845 avait déclaré superflue toute délimitation du pays situé au sud des ksour figuigiens, attendu « qu'il n'y a pas d'eau, qu'il est inhabitable, et que c'est le désert proprement dit ». Ceci était complètement faux. Il y a, au sud de Figuig, une grande rivière, l'Oued-Guir, des oasis considérables et une population importante. C'est le négociateur marocain, qui, désireux de soustraire cette région à notre influence, avait fait croire à M. de la Rue que c'était le désert. M. de la Rue l'avait naïvement écouté, sans chercher à contrôler ses dires. Malgré tout, cet article 6 ne nous interdisait pas toute liberté d'action sur le Gourara, le Touat et le Tidikelt. Des déclarations furent donc échangées à Londres, le 5 août 1890, entre les gouvernements français et britannique, par lesquelles il était spécifié que ces trois pays demeuraient compris dans l'hinterland de nos possessions méditerranéennes.

Aucune raison ne s'opposait, dès lors, à ce que la France occupât le Touat.

Quand nous commençâmes à faire des progrès dans les régions soudanaises, nous envoyâmes Flatters pour reconnaître la route, qui devait les relier à Alger. Ce dernier fut massacré par les Touareg. Or, le crime avait été préparé à In-Salah, principale ville du Touat. Les habitants de cette localité, craignant des représailles, cherchèrent à se placer sous la protection de Moulay-Hassan, bien qu'indépendants de lui depuis de longues années. Les Sultans avaient bien exercé autrefois une certaine domination sur les tribus sahariennes, mais ce n'était plus qu'un lointain souvenir. Moulay-Hassan accepta de devenir le suzerain des habitants du Touat, et en cette qualité, il leur dépêcha sans retard des agents pour lever l'impôt chez eux. Mais les habitants, ne trouvant pas cette plaisanterie de leur goût, protestèrent bruyamment, et en 1891, nous adressâmes à ce sujet des observations au Sultan. Nous lui fîmes remarquer que rien dans le traité de 1845 ne l'autorisait à s'annexer le Touat. Les diplomates de Sa Majesté exhibèrent alors des cartes allemandes, qui représentaient le Touat comme une province marocaine.

Deux ans après, le Sultan faisait dans le Tafilelt une expédition, qui revêtait à la fois un caractère politique et religieux. Moulay-Hassan voulait consacrer d'une manière effective son prestige de monarque saharien. Sous prétexte d'aller prier sur la tombe de ses ancêtres, et d'appeler la bénédiction du ciel sur son peuple, il venait grouper autour de lui, par le sentiment religieux, les diverses influences dont il disposait dans le Sahara.

Les puissances européennes, dont l'Angleterre qui venait, cependant, de traiter avec nous, virent avec grand plaisir cette manœuvre dirigée contre nos intérêts algériens. Cela ne nous empêcha pas de jalonner de forts la route du Touat. En 1897, le chef de bataillon Godron pénétra dans le Gourara ; d'autres colonnes suivirent peu après par la vallée de la Zousfana, et bientôt le Touat tout entier tomba en notre pouvoir. Le Sultan lança alors secrètement contre nous les Berabers marocains et ceux du Tafilelt, mais ces attaques n'eurent d'autre résultat que l'occupation par nous de la vallée de Zousfana, route la plus directe pour aller au Touat. Nous obtenions ainsi trois régions : le Gourara, le Touat proprement dit, et le Tidikelt, assez peuplées, et d'une importance stratégique considérable.

Cette opération de « police algérienne »[1] fut le point de départ d'une sorte de renaissance en France de la question marocaine, qui nous avait jusque-là

[1] M. Eugène Etienne.

laissés un peu indifférents. Le *statu quo* marocain, telle avait été « la formule commode derrière laquelle s'était abritée notre ignorance des choses du Maghreb [1] ». Nous n'avions pas eu, à proprement parler, de politique marocaine. « Platoniques observateurs du *statu quo* », disait encore M. Etienne, tous les efforts de notre diplomatie s'étaient bornés à obtenir de maigres indemnités à l'occasion des brigandages chroniques qui désolaient la frontière [2]. Nous n'avions pas eu conscience de la grande position que nous donnait l'Algérie, et pendant plus de cinquante ans, alors que le Maroc était encore peu convoité, nous n'avions fait aucune tentative pour résoudre la question à notre profit. Alors que les rivales européennes de la France se rendaient parfaitement compte de l'existence d'une question marocaine dont l'échéance pouvait être redoutable, et s'efforçaient de la solutionner au mieux de leurs intérêts ou plutôt de l'escamoter, nous ne soupçonnions

[1] M. Eugène Etienne.

[2] Cf. M. Robert de Caix :

« La politique de la France, vis-à-vis du Maroc, a été, depuis 1845, de ne rien changer à l'état de choses existant; c'est la politique du *statu quo*, la plus illogique et la moins rationnelle ; c'est l'immobilité en face de la vie.... etc. »

(Revue Politique et Parlementaire, juin 1900.)

même pas dans notre insouciance qu'une pareille question pouvait se poser.

Bien que les mieux placés pour voir, nous étions restés les plus aveugles. Nous nous contentions de vivre avec le Sultan comme avec un voisin incommode, en traitant presque d'égal à égal avec lui. C'était pour nous, pourrait-on dire, le mauvais *pater familias* dont la gestion défectueuse laissait les pensionnaires de sa basse-cour franchir la haie et s'ébattre dans notre propriété. Puis, tout d'un coup, nous avons découvert la question du Maroc avec toute sa complexité, nous l'avons embrassée dans toute son ampleur. Et avec le tempérament qui nous caractérise, nous sommes allés jusqu'au bout, nous avons épuisé la question, nous l'avons examinée sur toutes ses faces, préconisé toutes les solutions. Nos revues, nos journaux, toutes nos publications s'y sont passionnées; un homme d'Etat en a fait le pivot de sa politique, et nos coloniaux la base d'une nouvelle association (Comité du Maroc).

« L'Algérie nous a conduits en Tunisie. Elle doit plus justement, quoique plus difficilement, nous conduire au Maroc [1] ». Voilà ce que tout le monde s'est dit. Ces aspirations, d'ailleurs légitimes puisque nous étions la puissance musulmane et africaine par

[1] M. Eug. Etienne, Questions diplomatiques et coloniales, 1er décembre 1898.

excellence, il y avait trois moyens de les réaliser. Quelques-uns ont pensé que le droit de suite, indéfiniment grandi, pourrait nous donner une première solution du problème. C'est ce qu'on a appelé la conception algérienne. Mais cette hypertrophie du droit de suite ne valait rien en réalité, car nos compétiteurs auraient pu obtenir des concessions aussi bien que nous, ou bien, le Sultan inquiet, aurait pu faire appel aux puissances pour arrêter notre marche et endiguer nos empiètements. Au surplus, la conquête marocaine eût été fort onéreuse et nous eût peut-être desservis en exaspérant le fanatisme musulman.

Une deuxième résolution s'offrait par l'entente directe et cordiale avec les tribus. C'est celle de M. Jaurès [1]. Le Maghzen, entouré de tribus pleines

[1] Dans la séance du 23 novembre 1903, à la Chambre des députés, M. Jaurès présenta la motion suivante : « La Chambre invite le Gouvernement à inscrire dans le prochain budget des crédits au budget des affaires étrangères et des crédits de subvention au budget algérien, pour développer pacifiquement chez les tribus musulmanes qui avoisinent l'Algérie, d'accord avec ces tribus et avec les autorités dont elles relèvent, des œuvres de civilisation; caisses de réserve contre la famine, et distribution de grains, infirmeries, soins médicaux, marchés, voies de communication.»

La commission des affaires extérieures fut chargée d'examiner le projet de résolution de M. Jaurès, et un rapport fut fait au nom de cette commission. (Chambre des députés, annexe du procès-verbal de la deuxième séance du 14 juin 1904).

de bienveillance pour la France, serait obligé de céder. « Si vous donnez à toutes ces tribus, disait M. Jaurès, l'impression que vous pouvez servir leurs intérêts et que vous le voulez ; que vous n'êtes pas, que vous ne serez pas une nation exploiteuse, mais au contraire une nation qui apporte des garanties, alors vous verrez peu à peu la France devenir le centre moral de ces tribus politiquement disséminées[1]. » Mais les faits ont souvent démontré que cette tactique était inefficace, et que, malgré nos bonnes intentions, les marques de bienveillance à nous témoignées par les indigènes étaient plutôt négatives. En réalité, ce que veulent les Berbères par-dessus tout, c'est l'indépendance. Ils sont heureux quelquefois d'entrer en rapports avec nous, notamment quand il y a de l'argent à gagner en Algérie, mais si vous y mettez trop d'insistance, ils répondent en faisant parler la poudre. On ne saurait nier cependant que M. Laferrière n'ait obtenu quelques résultats en pratiquant cette politique avec les tribus du Sud : mais les puissances nous présentèrent aussitôt comme hostiles à l'établissement de l'autorité du Sultan dans ces régions. C'était là la vraie pierre d'achoppement de ces idées humanitaires.

L'on a donc eu recours à une troisième solution. On s'est dit que, « jusqu'à ce que l'impuissance et la

[1] BULLETIN COMITÉ AFRIQUE FRANÇAISE, décembre 1903.

déchéance du Maghzen soient complètes, c'est avec lui qu'il faudra traiter, à l'exclusion de tout prétendant [1]. » C'était l'opinion de MM. Delcassé, Etienne et Revoil. Cette conception était certes la plus régulière et la plus logique, celle qui présentait le moins d'aléa [2]. « Il valait mieux chercher à s'appuyer sur une autorité bien heureuse d'être dirigée par nous, au lieu d'être détruite, conquérir, en un mot, le Maroc par des moyens marocains, le soumettre et l'organiser au nom du Sultan et avec l'aide du Maghzen [3]. » C'est cette pensée qui a inspiré le protocole du 20 juillet 1901 et l'accord du 20 avril 1902. Il s'agissait surtout d'habituer le Sultan à être notre collaborateur sur son propre territoire, et de l'amener, par cette première expérience, à nous préférer à une direction étrangère, unique ou collective. Une autre conséquence de cette politique, c'est l'appui que nous avons donné au Sultan contre Bou-Hamara, en permettant notamment le passage de troupes marocaines sur le territoire algérien.

Mais quelle que soit l'opinion formulée, on trouvait en 1900, dans tous les programmes, un fonds

[1] BULLETIN COMITÉ AFRIQUE FRANÇAISE, septembre 1903.

[2] La commission des affaires extérieures se rallia à ces idées, et refusa au projet de résolution de M. Jaurès l'inscription des crédits.

[3] QUESTIONS DIPLOMATIQUES ET COLONIALES, 1er octobre 1903.

commun : il faut agir au Maroc à cause de l'Algérie, et dans tous les cas notre action devra être pacifique; il faut que notre intervention lèse le moins possible les indigènes, leur religion, leur statut personnel; tout en conservant Sultan et Maghzen, il faut améliorer la condition matérielle et morale des individus, leur assurer des soins médicaux [1], une instruction générale, et des institutions d'assistance. En somme, maintien de l'intégrité du Maroc par la France en acceptant d'être sa tutrice et son éducatrice, telle est ce qu'on a appelé la politique de pénétration pacifique.

Les tendances nouvelles de la politique française s'affirmèrent avec l'envoi à Tanger, respectivement comme ministre et comme consul, de MM. Revoil et de la Martinière, tous deux rompus aux affaires musulmanes. Ces affaires furent menées avec une

[1] Cf. discours de M. Jonnart à la Chambre (21 décembre 1903, discussion du budget de l'Algérie) : « Le médecin, dans ces pays, est le véritable conquérant, le conquérant pacifique. Vous ne serez pas surpris, Messieurs, d'apprendre que le général Lyautey, entrant complètement dans mes vues, vient d'installer à Beni-Ounif un médecin chargé spécialement de donner des consultations gratuites aux indigènes (*Très bien, très bien*). Je ferai plus, je vais organiser là un véritable dispensaire. Beni-Ounif est en effet aux portes de Figuig, et les gens de Figuig s'empresseront de venir à notre dispensaire, j'en suis sûr. Le bombardement de juin dernier leur a produit une impression des plus salutaires, l'œuvre de civilisation fera le reste. (*Très bien*)...

vigueur inusitée; et la France sut désormais se faire respecter comme il convient.

L'année 1901 avait débuté par une série d'agressions contre nos postes du Sud-Oranais, et quelques mois plus tard, un Français, d'Oran, M. Pouzet, qui faisait une excursion en barque sur les côtes du Riff, avait été assailli et tué sans provocation. La réponse ne se fit point attendre. Le gouvernement envoya aussitôt les croiseurs *Pothuau* et *Du Chayla* à Mazagan, et posa un ultimatum auquel le Sultan était tenu de répondre dans un court délai. En présence de notre attitude énergique, Abd-el-Aziz céda immédiatement, et nous fournit les satisfactions désirées. Du même coup, l'ambassade qui devait aller à Londres et Berlin en évitant Paris fut modifiée : le Menehbi alla bien dans les premières villes, mais en outre, le ministre des affaires étrangères du Sultan, Si Abd-el-Kerim ben Sliman fut envoyé en France (18 juin 1901). Pour reconnaître cette bonne volonté du Maghzen, M. Delcassé crut bon de le rassurer entièrement sur nos intentions. « A l'accueil qui lui est fait, l'ambassade marocaine a pu convaincre que si la France, maîtresse de l'Algérie, et par l'Algérie limitrophe du Maroc sur une immense étendue, est tenue de suivre ce qui s'y passe avec un intérêt singulier dont nul ne saurait équitablement méconnaître la légitimité, notre vigilance ne tend qu'à la tranquillité, la prospérité et l'intégrité de l'Empire chérifien [1]. »

Le 20 juillet, il signait avec Ben-Sliman un protocole destiné à régler les litiges soulevés par l'imprécision du traité de 1845. Ce protocole nous reconnaissait la souveraineté des deux grandes tribus des Doui-Menia et des Ouled-Djerir, à moins qu'elles n'optent pour le Maroc, auquel cas elles étaient obligées de transporter leurs tentes sur le territoire chérifien [2] ; le Maroc nous abandonnait en fait leurs territoires. Les deux gouvernements étaient associés dans la pacification des régions frontières : dans les régions d'Oudja et de Figuig, le protocole instituait pour chacune deux commissaires, l'un français, l'autre marocain, qui devaient se concerter sur toutes les questions de police ; dans le Sud, des postes militaires français étaient établis dans la vallée de Zousfana, et des postes marocains dans celle de l'Oued-Guir. On cherchait ainsi à régler sur place les réclamations qui contrariaient les rapports de notre légation de Tanger avec le Sultan.

Le 5 décembre 1901, une mission marocaine ayant à sa tête Si Mohammed-el-Guebbas, arrivait à Alger, en même temps qu'une mission française (général

[1] Discours de M. Delcassé au Sénat, 5 juillet 1901.

[2] Les tribus refusèrent de se placer sous l'autorité du Sultan. Elles sont donc devenues françaises.

Cauchemez), pour appliquer sur le terrain les clauses du protocole. L'année suivante, M. Revoil, devenu gouverneur général de l'Algérie, développait l'accord du 20 juillet, et ménageait un arrangement destiné à assurer les résultats visés dans le précédent. Le gouvernement chérifien s'engageait à consolider, par tous les moyens possibles, dans toute l'étendue de son territoire, son autorité maghzénienne, telle qu'elle est établie sur les tribus marocaines depuis le traité de 1845 (art. 1er). Il nous assurait son aide pour notre établissement définitif dans le Sahara, mais l'article 8 consacrait son autorité à Figuig (20 avril 1902).

Ces deux conventions posaient le principe de l'assistance mutuelle des deux gouvernements. La région frontière, au lieu d'être une cause de « friction », devenait une cause d'association et un terrain d'entente. Il n'était pas créé dans le Sud une frontière proprement dite, à laquelle s'oppose « la nature des lieux et des populations », mais des domaines de juridiction, de telle sorte que chaque tribu relevait désormais d'une des deux souverainetés limitrophes. Cette entente avec le Sultan n'était d'ailleurs nullement incompatible avec le droit de suite et avec une action militaire.

A la suite de ces accords, le gouvernement marocain nous demanda des instructeurs, sollicita notre coopération contre le Rogui, et emprunta sept millions et demi à une société française, la Banque de Paris et des Pays-Bas. Cet emprunt souleva une vive inquiétude en Angleterre, et même en France, où M. Ribot craignait « qu'on ne trouvât dans l'emprunt français un précédent pour en conclure d'autres avec d'autres nations, et qu'on parlât bientôt de gages, de commissaires, ce qui mènerait vite à une sorte de *consortium* [1] » Il faut avouer cependant que l'entente franco-marocaine ne fut que d'une médiocre efficacité : les travaux de délimitation ne réussirent que peu ou prou [2], et les agressions contre nos postes et nos colonnes mobiles reprirent avec la même intensité. Le 17 août 1903, 9.000 Berabers attaquaient notre poste de Taghit, défendu par 400 des nôtres qui résistèrent trois jours et trois nuits à de furieux assauts. Le 2 septembre suivant, un convoi français était assailli à El-Moungar par les gens de Bou-Amama, et les deux tiers de notre effectif tués ou blessés après un combat héroïque. Nouvelles agressions le 4 septembre, à Ben-Zireg; le 6, à Sfissifa ; le 8, à Ben-Khelil. Mais l'affaire la plus retentissante fut celle de Figuig, un peu antérieure en date. En

[1] Discours à la Chambre, 11 mars 1903. JOURNAL OFFICIEL, 12 mars 1903.

[2] La Commission se disloquait dès les premiers jours de 1903.

présence des troubles incessants de la région figuigienne, M. Jonnart, gouverneur de l'Algérie, avait conçu le projet de se rendre lui-même à Figuig, pour arrêter de concert avec les autorités militaires l'exécution de mesures destinées à mettre fin à une situation intolérable. Or, les pillards poussèrent l'audace jusqu'à attaquer l'escorte même de M. Jonnart, qui n'échappa que par miracle à une mort certaine. Un châtiment exemplaire fut décidé. Le 8 juin 1903, le général O'Connor fit ouvrir le feu sur le ksar le plus important et le plus belliqueux de Figuig, le ksar de Zenaga, qui fut en partie détruit. Le lendemain, le général pouvait dicter ses conditions aux vaincus, mais au lieu de s'adresser à l'amel marocain pour obtenir la livraison des malfaiteurs, il s'adressa aux véritables autorités de Figuig, c'est-à-dire aux Djemmaa élues par les habitants. C'était méconnaître notre collaboration avec le Maghzen. Le général O'Connor fut déplacé, et son poste confié au général Lyautey qui, depuis cette époque, a su obtenir dans le Sud-Algérien des résultats surprenants [1].

[1] Pendant longtemps, on avait pensé qu'aux attaques, il fallait répondre par des contre-attaques. C'était souvent en pure perte. En 1903, on a changé de méthode.... on a installé dans les postes une force composée d'indigènes du pays commandés par des officiers français. C'est ainsi qu'avec cette cavalerie si rapide et si mobile, avec des compagnies de

Mais parallèlement à l'action africaine, le gouvernement français s'était engagé dans la voie des accords internationaux, pour obtenir « carte blanche » au Maroc. Le premier résultat décisif, obtenu avec l'Italie, passa presque inaperçu en France. Il n'en fut pas de même des conventions franco-anglaise et franco-espagnole de 1904. L'opinion générale fut favorable à l'accord avec l'Angleterre, car on y vit avec juste raison la fin de nos différends coloniaux. « Nous gênions l'Angleterre en Égypte, disait la *Dépêche de Toulouse*, elle nous gênait au Maroc. Elle déclare qu'elle ne nous gênera plus au Maroc, nous déclarons que nous ne la gênerons plus en Égypte. L'un et l'autre gagnent au change. Lequel gagne le plus? Il suffit de remarquer que l'Angleterre ne fait que conserver ce qu'elle possède déjà en fait, tandis que nous devenons libres de réaliser à notre convenance une extension devenue indispensable pour compléter notre empire africain ». Ainsi, cette

tirailleurs montées en mulets, chargées d'appuyer ces contingents arabes, on est parvenu, en un an, à rétablir la sécurité d'une façon absolue sur 1.200 kilomètres de frontière. D'autre part, la pacification du général Lyautey a été remarquable. Loin de faire payer aux tribus leur indocilité, il leur a donné des charrues, de l'aide, des écoles. Et si le général a fait parler le canon à Guefaït, c'était pour soutenir le marabout de cet endroit contre Bou-Amama (Discours de M. Étienne à la Chambre, 8 novembre 1904).

liquidation amiable paraissait avantageuse, et beaucoup pensaient que nous avions fait une bonne affaire. Mais les critiques ne manquèrent point non plus, apportant une note discordante, mais souvent juste, au milieu de la satisfaction générale. « Pourquoi cacherions-nous, disait M. Goblet, que ce sont ces facilités qu'on nous offre qui nous inspirent de l'inquiétude? L'Angleterre opère sur un terrain qu'elle connaît parfaitement : nous ne possédons pas le Maroc..... Mais si l'Angleterre n'étant pas en mesure d'intervenir efficacement au Maroc, et d'assumer les risques et les responsabilités d'une pareille entreprise, s'en désintéresse et s'efface devant nous, d'autres puissances ont des intérêts qui peuvent déterminer une intervention de leur part. Les manifestations peu bienveillantes qui se sont déjà produites dans une partie de l'opinion allemande, en dépit des déclarations favorables de M. de Bülow, ne sont-elles pas de nature à nous causer quelques préoccupations? [1] » « Et si les obstacles trouvés par nous à poursuivre désormais une politique marocaine, ajoutait-on, devenaient trop résistants, nous aurions vendu nos droits pour recueillir une signature, et c'est alors qu'on pourrait qualifier le 8 avril la journée des dupes [2]. »

[1] REVUE POLITIQUE ET PARLEMENTAIRE, mai 1904.

[2] REVUE POLITIQUE ET PARLEMENTAIRE (M. Jaray, auditeur au Conseil d'État).

D'autres insistaient sur ce fait que si les termes de l'accord étaient identiques, les choses différaient totalement, et ils concluaient : « N'était-il pas préférable d'attendre encore, plutôt que d'aborder la tâche dans un moment tranquille ? Pourquoi pas pendant la guerre du Transvaal ? Le Maroc, c'était l'avenir de la France en réserve. Il fallait n'y pas toucher, ou nous l'apporter intact. Je crains que, par trop de hâte, on n'ait mutilé la statue, en appelant les autres à notre aide [1]. »

Nous avons vu ce qu'il fallait penser de cette convention, où l'Angleterre n'était certes pas la moins bien partagée. Pour ce qui est de l'accord avec l'Espagne, il reçut chez nous un accueil des plus froids. On n'admettait pas que notre diplomatie ait pu laisser restreindre le droit privilégié de la France, et qu'elle ait conclu un arrangement qui laissait prévoir une telle complicité. Il y avait d'ailleurs une contradiction flagrante entre les deux termes de la politique française : d'une part, proclamation de l'intégrité du Maroc, et, d'autre part, reconnaissance à l'Espagne de droits particuliers. Enfin, cette politique n'apparaissait pas comme suffisamment nette : les actes et les déclarations du ministre restaient comme trop enveloppés, et le traité lui-même était insuffisamment explicite. « C'est, disait

[1] Revue Politique et Parlementaire, novembre 1904.

M. Denys Cochin à la Chambre, un véritable rébus : je me suis appliqué de toutes mes forces à le comprendre, je n'y ai pas réussi..... Si je veux faire une proportion exacte et mathématique, je vois que la France a l'Algérie et la Tunisie, que d'autre part, l'Espagne a deux étroits rochers, et deux ou trois îles, qui sont de petits récifs, où, paraît-il, il faut envoyer tous les jours un bateau à vapeur avec un baquet d'eau fraîche, le peu d'eau qu'il faut à un détachement espagnol, pour se débarbouiller et boire. Voilà les possessions espagnoles. Que signifie cette singulière énigme que nous pose M. le Ministre des Affaires étrangères ? Les droits de l'Espagne sur le Maroc remontant à sa vieille lutte contre les Maures, les droits si l'on veut, résultant de la défaite du dernier Abencérage, sont des droits assez vagues. En vérité, j'avoue que je n'aperçois pas très bien les droits proportionnels à ses possessions. Je me demande ce que signifie cette pénétration proportionnelle, et puisque notre attention est appelée sur l'Espagne, je me rappelle encore les vers que Victor Hugo met dans la bouche du laquais qui vient trouver Don César de Bazan :

> C'est ce que vous savez, pour ce que vous savez,
> Et de qui vous savez.....

Voilà ce qu'on nous révèle du traité passé avec

l'Espagne. J'éprouve donc un certain regret de cette communication insuffisante [1]. »

Tout en faisant la part de l'exagération contenue dans ces paroles, il est certain que l'esprit des critiques pouvait, jusque dans une certaine mesure, se justifier. L'accord avec l'Espagne dénaturait en quelque sorte l'arrangement franco-anglais, car en abandonnant l'Egypte, nous pouvions croire que nous conquérions en même temps notre liberté au Maroc. Dès lors qu'on y permettait l'intrusion d'une puissance, nous n'étions plus placés en face de la prépondérance de la France, mais d'un *condominium*. Malgré tout, cet accord doit être déclaré satisfaisant, car il ménageait les susceptibilités marocaines de l'Espagne, et formait le troisième chaînon d'un réseau d'ententes dont l'idée première était excellente.

Les conséquences de ces conventions ne tardèrent pas à apparaître. La politique de pénétration pacifique et d'entente avec le Sultan se précisa. Le 17 juin 1904, un emprunt de 60 millions était conclu avec un consortium financier français, en vue du remboursement d'emprunts antérieurs consentis par des maisons anglaises et espagnoles. Nous restions les seuls créanciers du Maroc. Le 24 juillet, l'organisation du contrôle français des douanes, pour

[1] Journal Officiel, 9 novembre 1904.

servir de garantir à l'emprunt, était chose assurée ; une commission française de contrôle devait prélever 66 0/0 du produit des entrées et sorties. Le 29 juillet, le Sultan demandait qu'un capitaine français et trois sous-officiers algériens fussent affectés à l'organisation des troupes de Tanger, et il désignait lui-même le capitaine Fournié. Enfin, M. Saint-René Taillandier se préparait à aller négocier à Fez une série de réformes que le gouvernement marocain exécuterait avec le concours de la France.

Mais si nous tirions les profits de cette politique, il était juste que nous en acceptions les charges. Nous assumions la tâche de rétablir l'ordre : il était de notre devoir de le faire sans tarder. Cette question, qui venait d'être réglée diplomatiquement avec l'Angleterre, se posa d'une manière pratique, vis-à-vis des Etats-Unis. Deux Américains, MM. Perdicaris et Varley, avaient été enlevés par le brigand Erraissouli. « Si cet incident se fût produit avant le 8 avril 1904, le gouvernement américain n'aurait pas eu à hésiter sur la manière de procéder pour obtenir satisfaction : il aurait dû, par l'intermédiaire de son représentant à Tanger, s'adresser au gouvernement marocain. Mais du moment que notre situation prépondérante venait d'être reconnue au Maroc par l'Angleterre, le gouvernement américain la reconnaîtrait-il à son tour? On comprend toute l'importance que la question avait pour nous, en ce qui concerne surtout le précédent qui allait être créé, et dont pourraient se prévaloir les autres puissances[1] ».

Or, le cabinet de Washington nous demanda nos bons offices, et sollicita notre intervention pour obtenir la délivrance des captifs. C'était là une nouvelle victoire morale pour nous, les Etats-Unis reconnaissant implicitement « que c'est nous qui répondions désormais pour le Maroc[2] ». Grâce à notre entremise et à l'aide de notre protégé, le Chérif d'Ouezzan, les deux Américains furent délivrés.

En définitive, nous avions rallié à notre politique marocaine l'Angleterre, l'Italie, l'Espagne et les Etats-Unis. Restaient la Russie, l'Autriche-Hongrie et l'Allemagne. Mais la Russie nous était acquise d'avance. L'Autriche-Hongrie, qui n'avait que des intérêts minimes au Maroc, était presque quantité négligeable : son attitude dépendait d'ailleurs de celle de l'Allemagne, en face de qui nous restions seuls en présence. Cette puissance possédait dans l'Empire des Chérifs des intérêts limités, mais certains : d'autre part son industrie en quête de débouchés, son commerce, de liberté, et son orgueil national, de satisfactions intimes, tout nous commandait d'entrer en conversation avec elle. Ce fut par une étrange aberration

[1] Revue Politique et Parlementaire, 10 juillet 1904.
[2] Revue Politique et Parlementaire, 10 juillet 1904.

qu'on prétendit s'installer au Maroc sans son assentiment, qu'on présenta au Sultan un programme de réformes sans lui en avoir soufflé mot, et qu'on méconnut de parti pris ses efforts, ses aspirations et ses dispositions conciliantes. Rien ne saurait excuser cette politique, ni le sentiment des intérêts français, ni les soucis des conceptions les plus séduisantes : et si nous lui sommes redevables de certaines amitiés incontestablement précieuses, nous devons, malgré tout, apprécier avec sévérité la seconde partie de son œuvre, susceptible de nous engager dans les voies les plus périlleuses, et de compromettre la paix du monde.

L'opinion publique a ratifié ce jugement. « La preuve que l'Allemagne n'avait pas contre vous un dessein d'hostilité systématiquement irréductible, disait à la Chambre M. Jaurès en s'adressant à notre ministre des affaires étrangères, c'est qu'au lendemain même de la ratification par notre Parlement de l'accord franco-anglais, M. de Bülow en a parlé avec sympathie au Reichstag. La vérité, c'est qu'il est extraordinaire qu'à ce moment-là, vous n'ayez pas saisi l'occasion de cette avance (*Très bien! très bien!*) de cette manifestation sympathique qui appelait une réponse, pour engager avec l'Allemagne sur le fond des choses une conversation qui pouvait se produire alors dans des conditions parfaites de courtoisie réciproque....... Il ne s'agissait pas pour vous, laissez-moi vous le dire, dans cette question du Maroc, de répondre aux invitations qui pourraient vous être faites. *Puisque vous preniez au Maroc l'initiative d'une politique nouvelle pouvant modifier le* statu quo *au regard non seulement de l'Angleterre et de la France, mais de toutes les puissances intéressées, puisque vous preniez l'initiative de ce changement de politique, vous deviez prendre l'initiative des explications et des négociations* [1].»

M. de Pressensé ajoutait de son côté à la même séance : « J'avais cru comprendre que la pensée du ministre des affaires étrangères était en quelque sorte de défricher le terrain sur lequel il voulait exercer son action au Maroc ; qu'il voulait élaguer toutes les souches, tous les troncs d'arbres, toutes les racines qui auraient pu embarrasser sa marche sur ce terrain. J'en avais conclu que l'idée-mère de l'accord conclu le 8 avril avec l'Angleterre sur ce point, ne pouvait trouver sa réalisation qu'autant qu'on la généralisât, qu'on se préoccupât de faire disparaître tous les sujets de malentendus, tous les sujets de divergences, tous les sujets de querelle même, et surtout les sujets ou les prétextes de querelle d'Allemand. Or, M. Delcassé n'a voulu négocier qu'avec

[1] Discours de M. Jaurès à la Chambre des députés, 7 avril 1905 (JOURNAL OFFICIEL, 8 avril 1905).

les puissances méditerranéennes.[1] » Et il faisait ressortir que l'Allemagne avait des intérêts au Maroc, qu'un parti politique allemand voulait que l'Empire obtînt un port sur la côte Atlantique, que l'Allemagne, s'était posée en protecteur de l'Islam, et que tout cela permettait de penser que notre diplomatie trouverait utile de s'entendre aussi avec le gouvernement de Berlin.

« En ne traitant pas l'affaire marocaine avec l'Allemagne, pensait-on au comité de l'Afrique française, *on commettait une faute d'autant moins nécessaire, que jamais l'Empire allemand ne nous avait fait opposition dans nos entreprises coloniales.* Les hommes qui suivaient de près ces affaires, avaient prévu cette opposition. Ce qu'il aurait fallu avec l'Allemagne, c'était non pas des conversations sans conclusion, *mais bien un accord* comme nous en avions conclu avec d'autres puissances. L'Allemagne, indépendamment de la défense de ses intérêts, a voulu nous montrer qu'une grosse question comme celle du Maroc ne pouvait se traiter entièrement en dehors d'elle[2]. »

Un des hommes les plus versés dans les choses marocaines, M. Harris, l'ex-correspondant du *Times*,

[1] Discours de M. de Pressensé. Séance du 7 avril 1905, (Chambre des députés).

[2] Bulletin du Comité de l'Afrique française, avril 1905.

avait prévu tout ceci. Dans une dépêche du 19 mars 1905, il affirmait, avant que quiconque en fût informé, que les négociations de M. Saint-René Taillandier étaient tenues en échec par des agents allemands. « Si l'Allemagne avait été mise au courant plus tôt par la France, disait-il, il n'y a pas de doute qu'on aurait pu obtenir d'elle d'avantages définitifs, semblables à ceux que l'Angleterre et l'Espagne ont obtenus. La France a montré peu de sagesse en ne donnant pas à cette affaire une attention sérieuse, à l'époque où elle signait son arrangement avec l'Espagne [1]. » Il est certain que l'accord avec l'Espagne, venant immédiatement après celui signé avec l'Angleterre, a mis le comble à l'irritation allemande. Il n'est pas moins certain que la concession de quelques avantages à l'Allemagne, tels que la liberté commerciale, l'adoption du système de l'adjudication pour les travaux à entreprendre au Maroc, et à la rigueur la cession d'un port, nous eût complètement attaché cette puissance, et qu'à l'heure actuelle, notre programme de pénétration pacifique aurait entièrement triomphé. Tout le monde reconnaîtrait maintenant notre prépondérance, et le mot même de protectorat français sur le Maroc ne rencontrerait plus d'adversaires irréductibles.

Tout dernièrement, un rédacteur du *Temps*

[1] Bulletin du Comité de l'Afrique française, avril 1905.

étant allé interwiever M. de Bülow, le chancelier lui fit les déclarations suivantes : « Je vous ai dit l'origine de notre différend, le juste mécontentement de l'Allemagne de se voir systématiquement laissée de côté, l'impossibilité où nous étions — où tout autre eût été à notre place — de tolérer qu'on annonçât notre isolement, c'est-à-dire notre diminution matérielle et morale. Nous avons répondu dans la forme que nous offraient les circonstances ... L'affaire marocaine a été pour nous l'occasion d'une riposte nécessaire. Si, en 1904, on avait répondu au discours confiant que j'avais prononcé au Reichstag comme il était naturel qu'on y répondît, en me communiquant officiellement l'accord franco-anglais avec les explications nécessaires, il n'y aurait pas eu d'affaire marocaine. En deux heures, nous eussions été d'accord[1]. »

Et en effet, plus on examine le fond des choses, plus on se convainc que la politique allemande n'a pas eu, de prime abord, le mauvais rôle au cours de cette affaire. Il est vraiment regrettable que la brutalité de son intervention, l'attitude trop hautaine des dirigeants de l'Empire, leurs allures mystérieuses, leurs réticences, soient venues dissiper l'impression favorable qu'avaient pu produire des déclarations antérieures.

[1] Bulletin du Comité de l'Afrique française.

Les premiers symptômes de l'opposition allemande se manifestèrent du jour où s'effaça devant nous notre plus sérieuse antagoniste, l'Angleterre. Le 24 avril 1904, c'est-à-dire deux semaines jour pour jour après l'accord, M. Bihourd informait notre ministre que l'Empereur Guillaume rentrait précipitamment à Berlin, pour prendre lui-même en mains la direction des affaires extérieures. « J'incline à penser, ajoutait l'ambassadeur, que dès son retour, l'Empereur imprimera à sa politique plus d'activité et plus de hardiesse. Il y sera poussé par son caractère, par le désir de montrer que l'Allemagne n'est ni isolée, ni désarmée. Il tentera donc, j'imagine, d'intervenir dans le règlement de la question marocaine, soit indirectement, en influençant les dispositions de l'Espagne, soit directement, en demandant pour le commerce allemand le traitement accordé à celui de l'Angleterre [1]. »

Ces avertissements, que l'avenir devait si singulièrement vérifier, n'arrêtèrent pas notre diplomatie dans la voie qu'elle s'était tracée. Nonobstant l'inquiétude et l'irritation qui commençaient à percer chez nos voisins, elle traita le 7 octobre avec l'Espagne ; et le 15 décembre transmettait à M. Saint-René Taillandier des instructions visant le relèvement militaire économique et financier du Maroc

[1] Livre jaune du 15 déc. 1905.

l'installation de postes de douanes et de marchés sur la frontière et le développement des moyens de communication. Le ministère français partait pour Fez le 15 janvier 1905. Le Sultan le recevait avec le cérémonial habituel, et à l'allocution de notre représentant, il répondait par de gracieuses paroles : « Soyez le bienvenu, ambassadeur respecté ; vous ne verrez de notre part, avec l'aide de Dieu, que des choses agréables. » Puis il écoutait avec attention et avec une apparente bienveillance l'exposé très précis que lui faisait M. Saint-René Taillandier de l'ensemble des réformes. « La plus grande partie des réformes que vous venez d'expliquer sont acceptables et réalisables dans un avenir très prochain, répondait Abd-el-Aziz le 15 février. Mais quelques-unes sont difficiles à accepter. J'en réserve la discussion à mon Maghzen [1]. »

Cette discussion commençait le 22, et jusqu'au mois d'avril, il était impossible de dire si vraiment le Sultan et ses conseillers étaient sincèrement disposés à se prêter à l'exécution du plan de réformes de la France. Survenait le coup de théâtre de Tanger (31 mars). Le Maghzen en profitait aussitôt pour émettre des prétentions inacceptables. Puis, le 13 mai, M. de Tattenbach arrivait à son tour à Fez. Les conséquences en furent la déclaration (27 mai)

[1] Livre Jaune, du 15 décembre 1905.

par le Sultan, de son intention de soumettre la question des réformes à une Conférence internationale. C'était la fin de la période d'action française.

Cependant, le conflit franco-allemand se précisait. Les invites au gouvernement de l'Empire d'entrer en conversation restaient sans réponse, et notre ambassadeur signalait le danger de ce silence. Il fallait à tout prix négocier, sinon c'était l'inconnu. Précisément, l'occasion se présentait le 27 mai, date à laquelle le Sultan lançait des invitations pour la Conférence. M. Bihourd fut d'avis qu'il fallait accepter cette solution, plutôt que de prolonger « un tête à tête silencieux ». Le Conseil des Ministres opina dans le même sens, et M. Delcassé, en désaccord sur ce point avec le reste du gouvernement, se retirait le 6 juin.

Alors s'engagèrent ces fameuses négociations qui devaient aboutir à l'accord du 8 juillet. Pendant plus d'un mois, les représentants des deux pays ont âprement discuté, la France refusant d'accepter la Conférence avant de s'être entendue avec sa rivale sur les questions qui y seraient traitées, et l'Allemagne réclamant sans cesse notre adhésion préalable. Le 8 juillet, l'accord finissait par s'établir. On décidait de remettre à une Conférence internationale le règlement de la question marocaine. Mais si la France acceptait cette solution, l'Allemagne reconnaissait en retour la situation particulière résultant de notre position géographique en Algérie, et de nos conventions avec le Maghzen.

Les deux contractants s'engageaient à élaborer d'un commun accord le programme de la Conférence qui serait proposé au Sultan. Or, les premières démarches faites par la France, au lendemain même de l'accord, rencontraient peu de bonne volonté à Berlin. De plus la diplomatie allemande s'employait à obtenir des avantages particuliers au Maroc (concession des travaux du port de Tanger). Sur les protestations de M. Rouvier, le gouvernement allemand commençait par contester l'exactitude des faits, et alléguait ensuite que l'affaire avait été engagée avant les négociations franco-allemandes Puis nouvelle difficulté : des financiers allemands négociaient un emprunt avec le Sultan. Cette affaire donnait lieu à un échange de notes entre Paris et Berlin. Finalement, il fallait une nouvelle conversation diplomatique pour arriver à s'entendre. M. Revoil et le docteur Rosen signaient le 28 septembre une nouvelle convention, par laquelle la France obtenait gain de cause pour la police de la frontière algérienne et le choix d'Algésiras comme siège de la Conférence. En revanche, elle cédait sur les questions du port de Tanger et de l'emprunt. Les deux gouvernements déclaraient en outre qu'ils étaient d'accord pour proposer :

a. L'organisation de la police hors de la région frontière ;

b. La surveillance et la répression de la contrebande de guerre, sauf dans la région frontière, où elle sera réglée entre la France et le Maroc ;

c. La création d'une banque d'Etat ;

d. L'étude d'un meilleur rendement des impôts et de la création de nouveaux revenus ;

e. L'engagement par le Maghzen de n'aliéner aucun des services publics au profit d'intérêts particuliers ;

f. Le principe de l'adjudication, sans acception de nationalité, pour les travaux publics.

Tel était, nettement délimité, le programme de la future Conférence. Ce résultat n'avait pas été obtenu sans de grandes difficultés. L'Allemagne s'était montrée d'une raideur et d'une mauvaise volonté notoires, et d'injurieuses polémiques avaient été déchaînées de l'autre côté du Rhin. Mais après le premier sursaut de stupéfaction, la France était restée calme et même patiente sous l'outrage. Ces événements, de par leur brutalité même, eurent pour résultat un incontestable réveil de l'esprit national. « En somme, l'empereur allemand, malgré le caractère singulièrement blessant de son intervention hautaine, accru encore par l'agitation incessante de son ministre Tattenbach, a presque rendu, très involontairement, il est vrai, service à la France, en réveillant la nation française engourdie, en ressuscitant chez elle un patriotisme actif, et en faisant comprendre à tous, sur notre terre de France, que nous avons un voisin puissant, arrogant, prépotent, dans la bonne volonté et les intentions duquel il serait imprudent d'avoir de la confiance [1]. »

[1] M. Paul Leroy-Beaulieu, L'ÉCONOMISTE FRANÇAIS, 16 septembre 1905.

CONCLUSION

La Conférence vient d'ouvrir ses portes. Les délégués, nous dit-on, sont animés des intentions les plus conciliantes. Ce sont presque tous des spécialistes des affaires marocaines. Nous retrouvons à Algésiras des personnages qui sont de vieilles connaissances pour quiconque s'est intéressé à l'histoire du Maghreb : MM. Revoil, de Tattenbach, et Sir Arthur Nicholson, anciens ministres à Tanger ; le duc d'Almodovar, le négociateur du traité secret de 1902 avec la France ; le marquis Visconti-Venosta, le promoteur du rapprochement franco-italien. Il n'est pas jusqu'aux délégués du Sultan, Si Mohammed Torrès et Mohammed-el-Mokri, qui n'aient antérieurement fait parler d'eux.

Quelle va être leur œuvre ? Il est évident que, sur nombre de sujets, l'entente sera facile. Ainsi, sur les questions de la répression de la contrebande de guerre et de l'adjudication des travaux publics, l'unanimité sera aisément obtenue.

Mais la grosse question, celle qui présente le plus de dangers et qu'on réserve d'ailleurs pour la fin, c'est la question de la police. Il s'agit là au fond d'une question de suprématie. Sera-ce des officiers allemands ou bien des officiers français qui, sous couleur de police, sous prétexte de faire régner l'ordre dans l'Empire des Chérifs, vont commander aux forces militaires marocaines ? En d'autres termes, la force armée et, par suite, l'influence, seront au service de quelle puissance ? Question délicate, s'il en fut, et qui sera probablement malaisée à solutionner.

Bien qu'il soit un peu vain de chercher à préjuger la réponse probable de la Conférence, il peut être intéressant de passer sommairement en revue les diverses solutions qui peuvent intervenir à l'issue des débats.

Tout d'abord, il est permis de supposer que les délégués se refuseront à sanctionner la division du territoire marocain en secteurs de police, ce qui aurait, qu'on le veuille ou non, l'énorme inconvénient de n'être qu'un partage déguisé de l'Empire des Chérifs, suivi à brève échéance d'une occupation effective. De secteur de police à zone d'influence, il n'y a qu'un pas, et ce pas serait vite franchi. Cette solution ne serait pas pour déplaire à certaine puissance, qui, chargée de l'organisation du secteur du

Sud, verrait en quelque sorte se concrétiser ses rêves de domination sur Mogador et sa région [1].

Il est également très improbable que les attributions de police soient confiées à la seule Allemagne, dont les intérêts au Maroc sont très limités, et qui n'est ni puissance musulmane, ni même puissance méditerranéenne. Ce droit de police, si elle l'obtient, elle ne pourra l'exercer que conjointement avec d'autres : à côté des officiers allemands, il y aura vraisemblablement d'autres officiers européens. Mais nous revenons ainsi à l'internationalisation du Maroc, c'est-à-dire à la solution précédente, et nous venons de voir qu'elle a toutes chances d'être écartée.

Une troisième solution, plus logique, consisterait à charger les puissances limitrophes du Maroc de faire régner l'ordre, non seulement sur leurs fron-

[1] Nous croyons d'ailleurs très fermement que si la France permettait à l'Allemagne de s'établir à Mogador ou à Casablanca, les difficultés seraient vite aplanies et qu'il n'y aurait plus de question marocaine. Et qui sait, dût notre amour-propre en souffrir, si ce ne serait pas la solution la plus sûre et même la plus avantageuse ? Après avoir donné à l'Angleterre l'Egypte, à l'Espagne la côte du Riff, et à l'Allemagne un port du sud-marocain ; en un mot, après avoir désintéressé tout le monde, n'aurions-nous pas toutes chances de rattraper une partie mal engagée et déjà très compromise, et de nous assurer la direction politique de la plus grosse fraction du territoire ?

tières, mais encore et surtout dans l'Empire tout entier. Elle aurait l'avantage de mettre directement en cause les deux principales intéressées, l'Espagne et la France. Mais nous ne voyons pas bien l'Espagne assumer les charges et les risques d'une pareille entreprise, et nous n'avons qu'une confiance très limitée dans l'efficacité des mesures espagnoles de sécurité et de répression. Les Marocains consentiront difficilement à servir sous les ordres d'officiers venus de la Péninsule. Si donc l'on fait appel aux forces espagnoles proprement dites, de deux choses l'une : ou ces forces seront imposantes, et alors elles coûteront fort cher ; ou bien elles seront réduites au strict minimum, et alors elles seront massacrées. C'est ce que penseront probablement les délégués, qui n'adjoindront l'Espagne à la France — si tel est leur dernier mot — que pour lui servir de frein, de régulateur.

Peut-être enfin la Conférence reconnaîtra-t-elle la nécessité de confier à la France un mandat général de police, non seulement dans les ports marocains, mais dans toute l'étendue du pays. On peut dire que ce ne serait que justice. La France, qui est la puissance musulmane par excellence, et qui, par ses moyens, d'influence et ses contingents militaires tout spéciaux, est mieux placée que qui que ce soit pour réprimer les désordres et étouffer les insurrections ;

la France, qui jouit en Afrique du Nord d'une situation exceptionnelle, et qui ne peut, sans déchoir, admettre l'ingérence dans les rouages administratifs marocains d'éléments étrangers susceptibles de lui porter le plus cruel des préjudices; la France, en un mot, mérite de recevoir du monde civilisé cette suprême fiche de consolation. Notre abdication en Egypte avait servi à l'Angleterre: celle de l'Angleterre au Maroc sert à l'Allemagne, au lieu de nous servir à nous! Le Maroc, vieil édifice branlant et suranné, pauvre malade à l'état léthargique, qu'on n'eût dû réveiller de son engourdissement, qu'on n'eût dû restaurer, ranimer, revivifier qu'à la seule condition que ce soit nous, Français, qui soyons chargés de cette besogne, le Maroc ne sera pas le pendant de la Tunisie. Les deux Mauritanies resteront indépendantes l'une de l'autre, au lieu de se fondre sous la domination française. Les fautes irréparables de notre politique nous ont acculé à un problème encore sans solution, mais dont l'issue, peu favorable à nos desseins, n'est pas douteuse, en ce sens que nous devrons nous résigner à marcher avec les autres puissances sur le pied d'égalité. Nos ambitions au Maroc sont enfermées désormais dans un cercle de fer qu'il nous sera bien difficile de rompre.

Après avoir tenu, ou à peu près, les destinées du

Maghreb entre nos mains, nous sommes, d'ores et déjà, enchaînés sur tous les points principaux, crédits, finances, travaux et services publics, et il n'est pas certain que les attributions de police, qui pourraient nous permettre encore d'y faire figure, nous soient confiées à titre définitif.

Mais supposons que les délégués aient reconnu le bien-fondé de nos prétentions, et qu'ils soient prêts à sanctionner leur opinion par un vote. C'est alors que surgit cette grave question : la Conférence aboutira-t-elle ? L'Allemagne, mise en minorité, acceptera-t-elle de nous voir seuls à la tête des forces militaires marocaines ? En dépit des précautions prises pour ménager son amour-propre, consentira-t-elle à ne retirer d'une Conférence qu'elle a provoquée que des avantages communs à toutes les puissances signataires ? C'est là le gros point noir à l'horizon.

Or, en cas d'échec, nous retomberons dans le *statu quo :* l'insécurité et le désordre règneront à nouveau, les luttes d'influence reprendront, plus désastreuses que jamais, et chacun recommencera la poursuite de ses intérêts particuliers. Les finances marocaines seront de plus en plus obérées, et le Sultan, pouvant de moins en moins se passer de l'aide européenne, sera à la merci d'un coup de main. Le Maroc sera l'apanage du plus offrant et dernier enchérisseur, ou alors la pomme de discorde qui déchaînera inévitablement le plus effroyable cataclysme.

Il y aurait peut-être un moyen d'éviter ce lamentable recul. Pourquoi, en désespoir de cause, dans le cas où tous les moyens d'entente et d'aboutissement auraient été épuisés, pourquoi ne pas mettre à la tête des troupes chérifiennes des chefs indigènes dépendant du Maghzen, à condition toutefois de veiller à l'intégrale distribution de la solde, et des effets destinés aux soldats ? Pourquoi les puissances ne tiendraient-elles pas à Sa Majesté le langage suivant : « Nous te fournirons l'argent qui t'est nécessaire pour maintenir l'ordre dans ton royaume et pour les besoins de ton administration : mais si l'insécurité y règne à nouveau, nous te supprimerons toute subvention, et nous nous passerons de ton concours. » Peut-être un tel langage aurait-il sur le Sultan une influence décisive? Si oui, une force armée marocaine serait appelée à protéger les personnes et les biens contre les bandes de pillards, qui ne désolent le pays que parce qu'ils se sentent sûrs de l'impunité. Point ne serait besoin de faire intervenir des officiers sortant d'écoles de guerre européennes : à défaut d'instruction, le Marocain est un excellent cavalier, et en tant que soldat ou policier, il aurait l'avantage d'opérer chez lui. De cette façon, un échec désastreux et des occasions de conflit pourraient être évités une fois pour toutes entre les compétiteurs. Reste à savoir cependant si tout ne serait pas compromis, dans la suite, par le mauvais vouloir du Sultan ; mais on peut répondre à cela que l'Europe dispose de plus d'un moyen pour soumettre ce personnage à sa volonté.

La France pourrait à la rigueur accepter une telle solution, car elle ne verrait pas ses intérêts compromis. Assurément, elle en retirerait moins de profit qu'en organisant elle-même la police, mais cela vaudrait encore mieux pour elle que le *statu quo* pur et simple, puisqu'elle pourrait bénéficier comme les autres, et même plus que les autres, du rétablissement de l'ordre au Maroc et de son organisation.

Il faut cependant envisager l'hypothèse où la Conférence échouerait complètement. Que devrons-nous faire alors, nous autres Français? A notre avis, puisque la collaboration avec le Sultan nous sera totalement interdite, il ne nous restera plus qu'à nous entendre avec les tribus. Notre dernière ressource, le suprême facteur de notre prépondérance future, ce sera notre bonne entente avec le peuple lui-même ! Tout en sachant nous faire respecter, et même nous faire craindre s'il est nécessaire, nous devrons chercher à nous attirer les indigènes, nous devrons travailler à nous les rendre favorables. Après avoir acheté les nobles et les marabouts, toujours très vénaux, et nous être assuré ainsi le concours des confréries dont l'action sociale est très grande nous devrons par nos bons offices (respect de la religion et des récoltes, réparation des mosquées, générosités envers les villages, création de vastes chantiers publics pour les Kabyles travailleurs, etc., etc.), nous attirer les sympathies reconnaissantes de la population, et nous deviendrons insensiblement les conquérants pacifiques du Maghreb tout entier.

Déjà, l'Algérie reçoit annuellement plus de 50.000 Marocains qui, en contact avec notre civilisation supérieure, ont appris à nous aimer et à nous respecter. Ils voient que nous les payons largement et sûrement, et que nous ne reprenons pas d'une main ce que nous donnons de l'autre. Ils s'aperçoivent que leurs coreligionnaires sont bien traités, qu'ils jouissent de la liberté, de la sécurité et même d'une certaine aisance inconnue au Maroc. Ils se rendent compte des avantages de notre administration, dont le principal mérite à leurs yeux est de conjurer les famines périodiques qui désolaient autrefois l'Algérie, aussi bien que le Maghreb de nos jours.

C'est donc à nous, Français, de grossir sans relâche le noyau de Marocains qui nous sont sympathiques. Les frontières nous y aideront puissamment.

Déjà, nous sommes beaucoup plus connus de la masse du peuple que les autres nations européennes, et l'influence française dans le pays lui-même est certainement sans rivale. Profitons de cet avantage pour persévérer dans notre mission essentiellement pacifique et civilisatrice : l'exemple de Figuig est là pour nous encourager. En dépit de la jalousie de certaines puissances, nous obtiendrons ainsi au Maroc la suprématie morale, à défaut de l'hégémonie politique ; et nous arriverons à faire des Marocains nos meilleurs amis, et mieux, nos plus fidèles clients.

Paris, le 20 janvier 1906.

André LEBLANC.

Alençon. — Imprimerie Veuve Félix GUY et Cie.

www.ingramcontent.com/pod-product-compliance
Ingram Content Group UK Ltd.
Pitfield, Milton Keynes, MK11 3LW, UK
UKHW020242180726
13839UKWH00001B/115

9 782329 558110